OMAS BESTE REZEPTE

Hackfleisch

OMAS BESTE REZEPTE

Hackfleisch

Herausgegeben und zusammengestellt
von
Sonja Carlsson

BELLAVISTA

Weitere Titel aus dieser Reihe:

Gemüse	ISBN 3-89893-110-2
Kartoffeln	ISBN 3-89893-108-0
Kuchen & Torten	ISBN 3-89893-053-x
Nudeln & Spätzle	ISBN 3-89893-055-6
Pfannengerichte & Aufläufe	ISBN 3-89893-054-8
Plätzchen	ISBN 3-89893-111-0
Suppen & Eintöpfe	ISBN 3-89893-056-4

Herausgegeben in Deutschland
© 2003 von Bellavista, einem Imprint der Verlag Karl Müller GmbH
Venloer Str. 1271
D - 50829 Köln
www.karl-mueller-verlag.de

Redaktion und Produktion: Dr. E. Reitter, Redaktions- und Verlagsservice, München

Satz und Herstellung: Thomas Floeren, München

Umschlaggestaltung und Purchasing: Büro Norbert Pautner, München

ISBN 3-89893-109-9

Printed in China

Inhalt

———

Vorwort

Wer denkt beim Begriff „Hackfleisch" nicht sofort an Frikadellen, Buletten, Hackfleischküchle, Fleischpflanzerl, oder wie die kleinen beliebten Bratlinge sonst noch genannt werden? Und an zweiter Stelle wird garantiert Hackbraten oder „Falscher Hase" genannt. Was kommt als nächstes? Nach etwas Zögern möglicherweise Hackfleischsauce, wie wir sie von Spaghetti bolognese kennen, oder Tatar, Hackepeter und Thüringer Mett. Doch das ist längst nicht alles, was Hackfleisch an Vielfalt zu bieten hat. Farcen, Füllungen, Klößchen, ja sogar Pasteten, Aufläufe, Pizza und Kuchen kann man mit Hackfleisch zubereiten.

Bei Hackfleisch handelt es sich um das durch den Fleischwolf gedrehte Fleisch verschiedener Schlachttiere; das kann vom Schwein, Rind, Kalb oder Lamm stammen. Natürlich kann man auch aus rohem Geflügelfleisch und aus Fleisch vom Wild Hackfleisch herstellen, wenngleich dieses zu den Spezialitäten zählt und im Handel nur auf Kundenbestellung angeboten wird. Wer zuhause einen Fleischwolf besitzt, ist vom Angebot unabhängig und stellt sich aus dem Fleisch seiner Wahl selbst sein Hackfleisch her. Oberstes Gebot bei der Herstellung und beim Verkauf von Hackfleisch sind immer Hygiene und Kühlung. Hackfleisch bietet gesundheitsschädigenden Mikroorganismen eine große Angriffsfläche. Das Lebensmittelrecht schreibt deshalb in der Hackfleischverordnung vor, dass Hackfleisch stets frisch hergestellt und noch am Tag der Herstellung verkauft werden muss. Soll Hackfleisch erst später verkauft werden, muss es frisch durchgedreht fachgerecht tiefgefroren werden. Durch die niedrigen Temperaturen werden die Mikroorganismen gestoppt, die meisten abgetötet. Hackfleisch, das aufgetaut wurde, muss rasch zubereitet werden.

Für Hackfleisch wird sowohl ganz mageres, schieres Muskelfleisch (für Schabefleisch bzw. Tatar vom Rind) wie auch durchwachsenes Fleisch (von Rind und Schwein) verwendet. Wie hoch der Fettgehalt ist, kann man gut an der Fleischfarbe erkennen.

Rinderhack ist kräftig rot und mager, Schweinehack dagegen hellrot bis lachsrosa, durchsetzt von mehr oder weniger Fett. Kalbshack ist lachsrosa und fettarm. Metzger verwenden zum Durchdrehen von Fleisch meist verschiedene Scheiben in ihrem Fleischwolf. Das Hack ist deshalb im einen Geschäft gröber, im anderen feiner. Feineres Hack lässt sich besser verarbeiten, nimmt Gewürze und andere Zutaten besser auf, der Fleischteig bekommt eine besonders feine Struktur und lässt sich gut formen und im gegarten Zutaten hervorragend schneiden.

Für die meisten Gerichte verwendet man Hackfleisch halb und halb, was auch als „gemischtes Hackfleisch" bezeichnet wird. Es stammt zu gleichen Teilen vom Rind und Schwein. Bei Schweinemett und Hackepeter, wie sie im Handel fix und fertig gewürzt angeboten werden, nimmt man gute, nicht zu fette Stücke vom Schwein. Fleischteige aus Schweinehack sind nach dem Braten oder Garen saftiger und zarter als Teige aus Rinderhack. Diese schmecken oftmals etwas trocken und die Konsistenz ist härter. Im fettarmen Rinderhack entfalten sich Würz- und Geschmackszutaten nicht so gut, deshalb empfiehlt es sich, es mit etwas Schweinehack zu mischen. Der Fleischteig bekommt eine lockere Struktur und dennoch eine gewisse Schnittfestigkeit durch Beigabe von Eiern und eingeweichten Semmeln oder Semmelbrösel.

Kleine Hackfleischstücke wie Frikadellen, Bratlinge und Cevapcici werden stets zunächst in heißem Fett in der Pfanne rundherum angebraten, es sollte sich dabei schon eine braune Kruste bilden. Dann gart man die Stücke bei milder Hitze gar. Hackbraten dagegen wird bevorzugt im Backofen gebraten. Auch hier gilt: Erst rundherum anbraten, damit sich die Poren schließen, dann bei mittlerer Hitze – offen oder zugedeckt – fertig garen, damit auch das Innere gar wird und sich das Ganze gut aufschneiden lässt. Offen gart man, wenn keine Sauce erwünscht ist, im geschlossenen Bräter dagegen gart man den Hackfleischteig zusammen mit Wurzelwerk und etwas Fond, aus denen sich dann eine prima Sauce herstellen lässt.

Alle Rezeptzutaten sind – sofern nicht anders angegeben – für 4 Portionen berechnet.

Suppen und Eintöpfe

Gemüsesuppe mit Hackfleischklößchen

Für die Hackfleischklößchen: *1 Zwiebel · 400 g Rinderhackfleisch · 1 Ei · 2 EL Semmelbrösel · 1 TL Kräutersenf · Salz · schwarzer Pfeffer aus der Mühle · 3 EL Schnittlauchröllchen · 4 EL Petersilie, gehackt · 3 EL Sojaöl · Für die Suppe: 500 g Möhren · 2 Stangen Lauch · 1 kleiner Blumenkohl · 1 Kohlrabi · 150 g Zuckerschoten · 2 l Gemüsebrühe (Instant)*

Für die Hackfleischklößchen die Zwiebel schälen und fein würfeln. Das Hackfleisch in einer Schüssel mit Ei, Zwiebel, Semmelbröseln und Senf vermengen; mit Salz und Pfeffer würzen. Den Schnittlauch sowie 3 EL der gehackten Petersilie darunter mischen. Mit nassen Händen aus der Masse kleine Klößchen formen. Das Öl in einem großen Topf erhitzen und die Hackfleischklößchen darin von allen Seiten knusprig braun braten. Mit einem Schaumlöffel herausnehmen, auf Küchenpapier abtropfen lassen und beiseite stellen.

Für die Suppe alle Gemüsesorten putzen bzw. schälen, waschen und in kleine Stücke oder feine Ringe schneiden. Das Öl im Topf erneut erhitzen und Möhren, Lauch und Blumenkohl darin anschwitzen; mit der Gemüsebrühe ablöschen und 5 Minuten köcheln lassen. Kohlrabi, Zuckerschoten und Hackfleischklößchen in die Suppe geben und alles nochmals 5 bis 8 Minuten köcheln lassen. Die Suppe auf vier Suppenteller verteilen und die Portionen mit der restlichen Petersilie bestreuen.

Rindfleischsuppe mit Hack- und Käseklößchen

*80 g Butterschmalz (z. B. Butaris) · 60 g Mehl · 1 l Rindfleischbrühe
(Instant) · 3 Eier · 1 EL Emmentaler, gerieben · Salz · 200 g gemischtes
Hackfleisch · 4 EL Semmelbrösel · weißer Pfeffer aus der Mühle ·
1 kg Möhren · Kerbelblättchen zum Garnieren*

Etwa 5 EL Butterschmalz in einem Topf erhitzen, das Mehl einrühren, anschwitzen lassen und mit ⅛ Liter Fleischbrühe auffüllen. Unter Rühren etwa 5 Minuten kochen. 2 Eier, Käse und Salz darunter mengen und die Masse 30 Minuten kühl stellen. Das Hackfleisch mit dem restlichen Ei, Semmelbröseln, Salz sowie Pfeffer vermischen und aus der Masse walnussgroße Klößchen formen. Das restliche Butterschmalz erhitzen und die Klößchen darin braten. Die Möhren schälen und in Stifte schneiden. Zusammen mit der restlichen Brühe zum Kochen bringen und zugedeckt bei mittlerer Hitze etwa 10 Minuten kochen lassen. Reichlich Salzwasser zum Kochen bringen. Aus der Käsemasse mit zwei Teelöffeln kleine Klößchen abstechen und diese im Salzwasser etwa 5 Minuten garen. Mit einem Schaumlöffel herausnehmen und zusammen mit den Fleischklößchen in die Brühe geben. Die Suppe mit Kerbelblättchen bestreuen.

Hennenknödelsuppe

4 altbackene Brötchen vom Vortag · ¼ l heiße Milch ·
½ Zwiebel, gehackt · 2 Eier · 250 g rohes Hühnerhackfleisch · Salz ·
Pfeffer aus der Mühle · Muskatnuss, gerieben · 1 Bund Petersilie,
fein gehackt · 2 l Hühnerbrühe (Instant)

Die Brötchen würfeln und die heiße Milch darüber gießen. Sobald die Brötchenwürfel weich geworden sind, mit Zwiebeln, Eiern, Hühnerhackfleisch und Gewürzen gut durchkneten. Die gehackte Petersilie dazugeben und so lange durcharbeiten, bis ein glatter Teig entsteht. Mit nassen Händen kleine Knödel formen und in der heißen Hühnerbrühe etwa 15 bis 20 Minuten gar ziehen lassen (die Suppe darf nicht kochen); sofort servieren.

Bouillon mit Schwemmklößchen

150 ml Milch · 1 Prise Salz · 1 Msp. Koriander oder Muskatnuss, gemahlen ·
4 EL Butter · 100 g Mehl · 2 Eier, leicht verquirlt · 100 g Kalbshackfleisch
oder Kalbsbrät · 2 EL Petersilie, fein gehackt · je 450 ml Kalbs-Gemüsefond
(aus dem Glas) · 100 ml trockener Weißwein · 1 Fleischtomate

Die Milch zusammen mit Salz, Koriander oder Muskat sowie Butter aufkochen. Den Topf von der Kochstelle nehmen, das Mehl auf einmal hineinschütten und kräftig rühren. Den Topf wieder auf die Kochstelle setzen und weiterrühren, bis sich auf dem Topfboden eine weiße Schicht bildet und der Teigkloß sich vom Boden löst.

Die Eier nacheinander unterrühren. Das Kalbshackfleisch oder Kalbsbrät und die Petersilie rasch untermischen. Den Teig erkalten lassen. In der Zwischenzeit die Fonds mit dem Weißwein aufkochen und mit Salz abschmecken. Die Fleischtomate überkreuz einritzen, mit kochendem Wasser übergießen, kalt abschrecken, die Haut abziehen, quer zum Stielansatz teilen und die Kerne herausdrücken. Das Fruchtfleisch in kleine Würfel schneiden und in der Bouillon erhitzen. Aus dem Teig mit zwei nassen Teelöffeln Nocken abstechen. Die Nocken in die heiße Bouillon gleiten lassen und garen. Die Schwemmklößchen sind fertig, wenn sie an die Oberfläche steigen.

Paprikasuppe mit Lammhackfleisch

2 El Butterschmalz · 3 gelbe Spitzpaprikaschoten, in Würfel geschnitten ·
4 Tomaten, geschält, entkernt und in Würfel geschnitten · 2 Knoblauchzehen,
durchgepresst · 200 g Lammhackfleisch · 1¼ l Gemüsebrühe (Instant) ·
100 g sehr kleine Suppennudeln · 1 EL Tomatenmark ·
Pfeffer aus der Mühle · ½ TL scharfes Paprikapulver ·
½ Bund glatte Petersilie, gehackt

Das Butterschmalz in einem Suppentopf erhitzen und darin die Paprikawürfel unter Rühren anbraten. Die Tomatenwürfel und den Knoblauch dazugeben und kurz dünsten. Das Hackfleisch unterrühren und krümelig braten. Mit der Gemüsebrühe ablöschen und aufkochen. Die Suppennudeln in ¼ Liter Wasser glatt rühren, zusammen mit dem Tomatenmark in die Suppe geben und zugedeckt bei geringer Hitzezufuhr 15 Minuten leise garen; zwischendurch öfters umrühren, damit die Suppe nicht ansetzt. Die Suppe mit gemahlenem Pfeffer und Paprikapulver abschmecken und mit der gehackten Petersilie bestreut servieren.

Mitternachtssuppe

2 Gemüsezwiebeln · je 1 rote, gelbe und grüne Paprikaschote ·
3 Tomaten · je 1 kleine grüne und rote Peperoni · 5 EL Butter ·
500 g Schweinehackfleisch · 4 EL Tomatenmark · 3 EL Senf
(z. B. Löwensenf extra) · 1 EL süßer Senf · 1 TL Zucker ·
1 l Gemüsebrühe (Instant) · Salz · Pfeffer aus der Mühle

Die Zwiebeln schälen und in Würfel schneiden. Die Paprikaschoten gründlich putzen, waschen und in Stücke schneiden. Die Tomaten von Stielansätzen und Kernen befreien und in Stücke schneiden. Die Peperoni putzen, entkernen und in feine Ringe schneiden. Die Butter in einem Topf erhitzen und das Hackfleisch sowie das vorbereitete Gemüse darin andünsten. Tomatenmark, Senf und Zucker hinzufügen, die Brühe dazugießen und alles etwa 25 Minuten bei mittlerer Hitzezufuhr garen. Zum Schluss mit Salz und Pfeffer pikant abschmecken.

Schwarzwurzeltopf

2 EL Butter · 2 Zwiebeln · 2 EL Mehl · ½ l Fleischbrühe (Instant) ·
1 kg Schwarzwurzel · etwas Essig · 100 g Knollensellerie · 300 g Kartoffeln ·
Pfeffer · Salz · 1 Msp. Muskatnuss, gerieben · reichlich frische Kräuter
(Majoran, Thymian, Petersilie, Schnittlauch) · 250 g gemischtes Hackfleisch

Die Butter in einem großen Topf erhitzen. Die Zwiebeln schälen und fein würfeln, in der Butter glasig werden lassen, das Mehl darüber stäuben und unter Rühren hell anschwitzen. Die kalte Fleischbrühe unter Rühren dazugießen, die Masse zum Kochen bringen und unter Rühren 5 Minuten durchköcheln lassen. Den Topf vom Herd nehmen. Die Schwarzwurzeln unter fließendem Wasser abschrubben und ungeschält in eine Schüssel mit Wasser und etwas Essig legen; herausnehmen und mit einem Sparschäler dünn abschälen, in Stücke schneiden und in die Sauce geben. Den Sellerie schälen, in feine Streifen schneiden und dazugeben. Die Kartoffeln waschen, schälen, fein würfeln und hinzufügen. Pfeffer, Salz und Muskat untermischen und das Ganze zugedeckt bei schwacher Hitze 20 Minuten garen. Die Kräuter waschen, trockentupfen und fein hacken. Eine Hälfte unter das Hackfleisch mischen, die Masse mit Pfeffer und Salz würzen und daraus kirschgroße Bällchen formen. Die Hackfleischbällchen in den Gemüsetopf geben und alles zugedeckt weitere 5 Minuten gar ziehen lassen. Mit den restlichen Kräutern bestreuen.

Schmorkohltopf mit Hackfleisch

600 g Weißkohl · 2 rote Paprikaschoten · 400 g gemischtes Hackfleisch · 50 g Frühstücksspeck (Bacon), in Würfel geschnitten · 2 EL Speiseöl · 200 ml Gemüsebrühe (Instant) · 50 ml Weißwein · 3–4 EL mittelscharfer Senf · frische Thymianblättchen · 3 EL Crème fraîche · Salz · Pfeffer aus der Mühle · 1 EL Zucker

Den Weißkohl putzen, dabei den Strunk entfernen und die Blätter in Streifen schneiden; gründlich waschen und trocken schwenken. Die Paprikaschoten halbieren, putzen, waschen und in Würfel schneiden. Das Hackfleisch und den Frühstücksspeck in erhitztem Öl anbraten, Kohl und Paprikaschoten dazugeben und etwa 5 Minuten dünsten. Die Gemüsebrühe und den Weißwein dazugießen und weitere 20 Minuten schmoren lassen. Den Schmorkohltopf mit Senf, Thymian und Crème fraîche verfeinern sowie mit Salz, Pfeffer und etwas Zucker abschmecken.

Spargeltopf mit Hackbällchen

*800 g frischer Spargel · 1 TL Zucker · 4 EL Butter · Salz · 3 EL Mehl ·
600 ml Spargelsud · 100 g süße Sahne · 100 ml trockener Weißwein · weißer
Pfeffer aus der Mühle · Muskatnuss, gerieben · etwas gekörnte Brühe (Instant)
nach Belieben · 250 g gemischtes Hackfleisch · 1 altbackenes Brötchen · 1 Ei ·
getrockneter Majoran und Thymian · Semmelbrösel · 1 Bund Schnittlauch*

Den Spargel putzen, schälen, in 3 cm lange Stücke schneiden und zusammen mit
Zucker, 1 TL Butter und etwas Salz in kochendes Wasser geben; zugedeckt bei
mäßiger Hitze bissfest garen. Den Spargel mit einem Schaumlöffel aus dem Sud
nehmen und beiseite stellen. Den Sud abkühlen lassen. Die restliche Butter in
einem Suppentopf erhitzen und das Mehl darin hell anschwitzen. Mit etwas Spar-
gelsud ablöschen, dabei ständig mit einem Schneebesen rühren, damit sich keine
Klümpchen bilden. Nach und nach die angegebene Menge Spargelsud einrühren,
das Ganze aufkochen lassen und die süße Sahne sowie den Wein einrühren. Die
Suppe mit Pfeffer, Muskat sowie Salz abschmecken und eventuell etwas gekörnte
Brühe zur Abrundung hinzufügen. Das Hackfleisch in eine Schüssel geben. Das
Brötchen in heißem Wasser einweichen, gut ausdrücken und zusammen mit dem
Ei und den Kräutern hinzugeben. Salz und Pfeffer darüber streuen und die Zutaten
mit den Händen zu einem glatten Teig verkneten; so viel Semmelbrösel dazugeben,
dass sich der Teig gut formen lässt. Aus dem Fleischteig mit nassen Händen walnussgroße Kugeln formen, diese in die köchelnde Spargelsuppe geben und darin
etwa 10 Minuten bei milder Hitze gar ziehen lassen. Die Spargelstücke dazugeben
und in der Suppe heiß werden lassen. Den Schnittlauch waschen, trockentupfen,
in Röllchen schneiden und über die Suppe streuen.

Tipp: Wenn Sie die Suppe dickflüssiger machen, erhalten Sie eine Sauce, die
mit Hackbällchen und Salzkartoffeln eine Hauptmahlzeit ergibt.

Chili-Kürbis-Eintopf mit Hackfleisch

1 Zwiebel · 2 Knoblauchzehen · je 1 rote und grüne Paprikaschote · 2 Stangen Staudensellerie · 400 g Kürbisfruchtfleisch · 400 g gemischtes Hackfleisch · 2 EL Kürbiskernöl · 400 g Tomaten in Stücken (aus der Dose) · 2 EL Tomatenmark · 250 ml Gemüsebrühe (Instant) · ½ TL Chili-con-Carne-Würzer (Fertigprodukt z. B. von Fuchs) · Salz · ½ TL Cayennepfeffer · 2 EL Hot-Chili- Würzpaste (Fertigprodukt z. B. von Fuchs) · etwas Zucker

Die Zwiebel und den Knoblauch schälen. Die Zwiebel fein würfeln und den Knoblauch hacken. Die Paprikaschoten halbieren und zusammen mit der Staudensellerie putzen und waschen. Die Paprikaschoten in Würfel und die Sellerie in Scheiben schneiden. Das Kürbisfruchtfleisch waschen, trockentupfen und mit einem Kugelausstecher kleine Kugeln abstechen. Das Hackfleisch in dem erhitzten Öl anbraten, das Gemüse und den Kürbis dazugeben und andünsten. Tomaten, Tomatenmark und Brühe hinzufügen und alles etwa 15 bis 20 Minuten garen. Das Chili mit den Gewürzen und dem Zucker pikant bis scharf abschmecken und sofort servieren.

Hackbraten, Frikadellen, Klopse und Bällchen

Grundrezept Hackfleischteig

375 g gemischtes Hackfleisch (zu gleichen Teilen Ochsen-, Kalb-
und mageres Schweinefleisch oder halb Ochsen- und halb mageres
Schweinefleisch) · 1–2 altbackene Brötchen · Wasser zum Einweichen ·
1–2 Eier · Salz · 1–2 Zwiebeln · 1–2 EL Petersilie · eventuell etwas Butter
zum Andünsten · etwas abgeriebene Schale von 1 unbehandelten Zitrone ·
Nach Belieben: *Pfeffer aus der Mühle · Muskatnuss, gerieben ·*
Majoran · Basilikum · Thymian

Vorbereiten: Das gemischte Fleisch am besten schon vom Metzger frisch durchdrehen lassen, da es auch im Kühlschrank nur geringe Haltbarkeit hat. Gemischtes Hackfleisch schmeckt besser und ist saftiger. Stellt man Hackfleisch selbst her, Fleisch waschen, häuten und zweimal durch die Fleischmaschine mit feiner Lochscheibe geben. Die Brötchen in Wasser einweichen, fein gehackte Petersilie sowie klein gehackte Zwiebeln nach Belieben in etwas Butter andünsten, übrige Kräuter in kleiner Menge fein hacken oder pulverisiert verwenden. Nach Belieben kann man etwas rohe Paprikaschote gerieben als Würzmittel verwenden.

Herstellen: Das Hackfleisch mit eingeweichten, sehr gut ausgedrückten Brötchen, Eiern und allen Würzmitteln sehr gut durcharbeiten; je besser er durchgeknetet wird, desto fester wird der Teig. Tiefgekühltes Hackfleisch antauen lassen, bis es sich mit einem Messer schneiden lässt, dann zu Fleischteig verarbeiten; da es etwas geringere Bindekraft hat, sind 2 Eier auf die angegebene Menge zu empfehlen.

Formen: Es erfolgt je nach den verschiedenen Fleischteiggerichten; Fleischteig für Portionsgerichte in Portionen gleichmäßig einteilen, den feuchten Teig mit nassen Händen gut glatt formen, bis zum Garen auf angefeuchtetem Brett oder Teller kalt stellen.

Garen und Verwendungsmöglichkeiten: Braten im Backofen beispielsweise für Hackbraten; Braten auf der Stielpfanne für Deutsche Beefsteaks, Fleischküchlein und Ähnliches.

Dünsten oder Schmoren: Anwendung bei gefüllten Gemüsen wie Krautwickel, gefüllten Paprikaschoten, Gurken, Kohlrabis, Tomaten, Auberginen und Ähnliches.

Kochen in Salzwasser oder in fertiger Sauce: Anwendung bei Fleischknödeln oder Klopsen; Kochen in Wasser bei Krautpudding.

Tipp: Reichlich fettes Schweinefleisch vermindert die Bindefähigkeit des Fleischteigs. Bei Verwendung von gekochten oder gebratenen Fleischresten sollen diese nicht mehr als bis ein Viertel der rohen Fleischmenge betragen, da sonst die Bindefähigkeit des Fleischteiges zu gering ist.

Hackbraten

*Für die Hackmasse: 250 g durchwachsener Schweinenacken ·
250 g Rindfleisch · 100 g Zwiebeln · 1 EL Butter · 2 frische Brötchen · Salz ·
weißer Pfeffer aus der Mühle · 1 EL Petersilie, gehackt · 1 Ei · 1 EL Semmelbrösel · Öl für die Hände · Für die Sauce: 1½ EL Butterschmalz zum
Ausfetten · 1 Zwiebel · 1 Möhre · 400 ml Kalbsfond (aus dem Glas)*

Das Schweine- und das Rindfleisch in lange fingerdicke Streifen schneiden und
kalt stellen. Die Zwiebeln schälen, halbieren, in Scheiben schneiden und sie in
der Butter so lange braten, bis sie goldgelb sind; zum Auskühlen auf einen Teller
geben. Die Brötchen in kaltem Wasser einweichen, gut ausdrücken, mit den Zwiebeln mischen und alles mit Salz und Pfeffer würzen. Das Fleisch durch die feine
Scheibe des Fleischwolfes (mit 3 mm Lochdurchmesser) drehen. Die Brötchen
mit den Zwiebeln durch den Fleischwolf drehen. Die Petersilie, das Ei und die
Semmelbrösel zur Hackmasse geben und sie mit den Händen rasch zusammendrücken, nicht kneten. Die Hände und die Arbeitsfläche einölen. Die Masse auf
der Fläche zu einem länglichen Braten formen. Den Backofen auf 200 °C vorheizen.
Eine passende Pfanne mit dem Butterschmalz ausstreichen und den Hackbraten
hineinlegen. Die Zwiebel und die Möhre schälen, beides grob würfeln und um
den Braten verteilen. Die Pfanne in den Ofen stellen und den Hackbraten etwa
35 Minuten braten. Ihn dabei öfter mit Bratfett begießen. Den fertigen Hackbraten
aus der Pfanne nehmen und ihn bei 65 bis 70 °C im Ofen warm halten. Den Fond
in die Pfanne gießen und um die Hälfte einkochen lassen. Mit Salz und Pfeffer
würzen, das Ganze durch ein Sieb passieren und zum Hackbraten servieren.

Tipp: Der Anteil des Brotes, das als Lockerungsmittel sehr wichtig ist, beträgt
etwa 20 Prozent. Weißbrot oder Brötchen sollten frisch sein. Sie können mit
Wasser oder mit süßer Sahne befeuchtet werden.

Berliner Hackbraten

*1 altbackenes Brötchen · 2 Zwiebeln (100 g) · 1 kleine Knoblauchzehe ·
80 g durchwachsener Räucherspeck · 2 EL Butter · 500 g gemischtes Hackfleisch · 1–2 EL Semmelbrösel · 2 EL Petersilie, gehackt · 1 Ei · ½ TL scharfer
Senf · schwarzer Pfeffer aus der Mühle · Salz · ½ TL edelsüßes Paprikapulver · je 1 Prise Oregano, Thymian, gemahlener Koriander und
gemahlene Muskatnuss · 1 Tomate · 4 EL Butterschmalz ·
¼ l heiße Brühe (Instant) · 1 EL Mehl · 100 g saure Sahne*

Das Brötchen in heißem Wasser einweichen. Zwiebeln und Knoblauch schälen.
1 Zwiebel vierteln und beiseite stellen, die andere Zwiebel, den Knoblauch und die
Hälfte des Specks fein würfeln. Die Butter erhitzen und die Würfel darin rundherum
anbraten. Das Brötchen gut ausdrücken. Hackfleisch, Brötchen, Semmelbrösel, Petersilie, Ei, Senf und die Zwiebelmischung in eine Schüssel geben und die Zutaten
zu einem glatten Teig kneten. Die Gewürze untermengen und den Teig wie ein
kleines längliches Brot formen. Den Backofen auf 200 °C vorheizen. Die Tomate
vierteln. Das Butterschmalz in einem flachen Topf erhitzen, den Hackbraten darin
kräftig von allen Seiten anbräunen, dabei vorsichtig wenden, dann die Oberseite
mit den übrigen Speckscheiben belegen. Die geviertelte Zwiebel und die Tomaten-
viertel dazugeben und etwas Brühe angießen. Den Hackbraten im Backofen etwa
30 Minuten zugedeckt schmoren, dann die restliche Brühe dazugießen und den
Braten weitere 15 Minuten offen garen. Das Mehl unter die saure Sahne rühren,
die Bratflüssigkeit damit binden und etwa 5 Minuten köcheln lassen.

Tipp: Sie können die Saucenflüssigkeit auch mit dem Mixstab fein pürieren,
dann wird die Sauce schön sämig. Bitte erst danach mit Mehl und saurer
Sahne binden. Zu dem Gericht passt Kartoffelpüree und Salat.

Deutsches Beefsteak

*375 g Ochsenhackfleisch · übrige Zutaten siehe Grundrezept
Hackfleischteig Seite 20 · Zum Braten: 4 EL Bratfett · 2 Zwiebeln,
in Ringe geschnitten und gebräunt · 1 Spiegelei pro Person*

Einen Fleischteig aus Ochsenhackfleisch nach Rezeptanweisung von Seite 20 herstellen, abschmecken, in Portionen teilen, mit nassen Händen gleichmäßige runde Beefsteaks formen und auf einer Seite mit dem Messerrücken einkerben. In einer Stielpfanne das Bratfett erhitzen und darin die Beefsteaks bei starker Hitzezufuhr anbraten; die Hitze reduzieren und auf beiden Seiten in etwa 10 bis 15 Minuten langsam gar braten. Die Beefsteaks auf einer heißen Servierplatte anrichten und nach Belieben mit gebräunten Zwiebelringen oder Spiegeleiern belegen.

Beefsteak Tatar

Für 1 Person
*100–125 g Ochsenfilet oder Lende, frisch gehackt · Salz · Pfeffer aus
der Mühle · edelsüßes Paprikapulver · etwas Zitronensaft · 1 TL Tomatenketchup · ½ Zwiebel, fein gehackt · ½ EL Kapern · 2–3 Oliven, entkernt und
gehackt 1 frisches rohes Eigelb · 2 Sardellenfilets, geputzt · Gewürzgurken,
in Scheiben · Tomatenscheiben · Zwiebelringe · Mixed Pickles*

Das Hackfleisch aus bestem Ochsenfleisch (Filet oder Lende) vom Metzger frisch herstellen lassen oder Filet bzw. Lende nach dem Häuten selbst durch die Fleischmaschine mit feiner Lochscheibe drehen. Das Hackfleisch mit Salz, Pfeffer, Paprika, Zitronensaft und Tomatenketchup würzen und die gehackte Zwiebel, die Kapern sowie die Oliven untermengen. Ein dickes rundes Beefsteak formen, anrichten, in der Mitte eine Vertiefung eindrücken und in diese ein rohes Eigelb setzen. Das Beefsteak mit geputzten, dünnen Sardellenstreifen belegen, nach Belieben mit Scheiben von Gewürzgurken, Tomaten, Zwiebelringen und Mixed Pickles garnieren. Dazu reicht man am besten Toast oder Schwarzbrot mit Butter.

Falscher Hase mit Fenchel

2 altbackene Brötchen · 100 g Zwiebeln · 500 g gemischtes Hackfleisch ·
2 Eier · 1 TL Salz · ½ TL Pfeffer aus der Mühle · 2 TL Fenchelsamen ·
1 EL Butter · frische Kräuter (z. B. Fenchelgrün, Kerbel, Petersilie), gehackt

Die Brötchen in warmem Wasser einweichen; gut ausdrücken. Die Zwiebeln schälen, fein würfeln und zusammen mit dem ausgedrückten Brötchen, dem Hackfleisch, den Eiern und den Würzzutaten in eine Schüssel geben. Alles zu einem glatten Teig kneten. Eine kleine Kastenform oder eine längliche Auflaufform mit Butter ausstreichen, den Fleischteig hineinfüllen und glatt streichen. Den Backofen auf 200 °C vorheizen und den Hackbraten auf mittlerer Schiene etwa 50 Minuten backen. Mit einem Holzstäbchen die Garprobe machen (es darf daran kein Fleischteig kleben) und eventuell einige Minuten nachgaren. Sollte die Oberfläche zu dunkel werden, etwas Alufolie darüber legen. Den falschen Hasen in der Form abkühlen lassen, dann auf eine Platte stürzen und in Scheiben schneiden. Mit fein geschnittenem Fenchelgrün, Kerbel oder Petersilie bestreuen.

Hackfleischschnitzel mit Käse

Für den Fleischteig: *600 g gemischtes Hackfleisch · 1 altbackenes Brötchen, eingeweicht und ausgedrückt · 1 Zwiebel, gehackt · 1 Bund Petersilie, gehackt · 100 g Emmentaler Käse, gewürfelt · 1 Ei · Salz · Pfeffer · Muskatnuss, gerieben · etwas Bratfett für die Pfanne · 2 Tomaten, in Scheiben geschnitten · 8 Scheiben Emmentaler Käse · 4 cl Whiskey*

Aus Hackfleisch, Brötchen, gehackter Zwiebel, Petersilie, Käsewürfeln und Ei einen Fleischteig kneten und mit Salz, Pfeffer und Muskat würzen. Aus dem Fleischteig vier flache Schnitzel formen. Eine Stielgriffpfanne (28 cm Ø) zum Braten aufheizen, etwas Bratfett zerlassen und darin die Hacksteaks gut anbräunen; mit Tomatenscheiben und mit je zwei Käsescheiben belegen. Den Servierdeckel auflegen und einige Minuten garen, bis der Käse geschmolzen ist. Mit Whiskey übergießen und flambieren.

Saftiger Mettbraten mit Gemüse

1 große Zwiebel, geschält · 1 Bund Suppengrün, geputzt · 25 g Bratfett (z. B. 1 Stück Palmin) · 500 g Schweinemett · 2 Brötchen, eingweicht · 2 Eier · Salz · Pfeffer aus der Mühle · Muskatnuss, gerieben · 1 EL Öl · 1 EL Semmelbrösel für die Form · 1 Bund Petersilie

Zwiebel und Suppengrün fein würfeln. In einer Pfanne das Bratfett erhitzen und darin Zwiebel und Suppengrün etwa 3 Minuten dünsten; abkühlen lassen. Inzwischen das Schweinemett mit den ausgedrückten Brötchen und den Eiern zu einem Fleischteig verarbeiten. Das Gemüse untermischen und mit Salz, Pfeffer und Muskat herzhaft abschmecken. Eine Kastenform von 25 cm Länge mit Öl einfetten und mit Semmelbröseln ausstreuen. Den Fleischteig einfüllen und glatt streichen. Im vorgeheizten Backofen auf der mittleren Einschubleiste bei 225 °C etwa 45 Minuten garen. Den Mettbraten aus dem Backofen nehmen und 5 Minuten mit Alufolie abgedeckt ruhen lassen; auf eine Platte stürzen und in Scheiben geschnitten anrichten. Die Hälfte der Petersilie hacken und auf den Braten streuen, mit der übrigen Petersilie die Platte garnieren.

Feine Hackfleischmedaillons

100 g Kalbfleisch (aus der Keule) · 100 g Hähnchen- oder Putenfleisch (aus der Brust) · 200 g Schweinenacken · 1 Zwiebel · 1 EL Butter · 80 g Weißbrot · 150 g süße Sahne · weißer Pfeffer aus der Mühle · edelsüßes Paprikapulver · Salz · 1 EL Petersilie, gehackt · 1 Ei · etwas Sonnenblumenöl zum Formen · 2 EL Butterschmalz zum Braten

Das Fleisch kalt abspülen, trockentupfen, in feine Streifen schneiden und kalt stellen. Die Zwiebel schälen, würfeln und in der heißen Butter glasig werden lassen; abkühlen lassen. Das Weißbrot in dünne Scheiben schneiden und in der Sahne einweichen. Zwiebel und Brot inklusive der Flüssigkeit zum Fleisch geben, alles gut vermengen und mit Pfeffer, Paprika sowie Salz würzen. Die Masse durch die feine Scheibe des Fleischwolfs drehen und in eine Schüssel geben. Petersilie und Ei untermengen und mit eingeölten Händen aus der Masse acht gleich große Medaillons formen. Das Butterschmalz in einer beschichteten Pfanne erhitzen und die Bitki darin von beiden Seiten goldbraun braten.

Pikante Hackfleischrolle

*1 rote Paprikaschote · 100 g fetter Speck, in Scheiben · 1 Bund Petersilie ·
1 Zwiebel · 1 altbackenes Brötchen · je 250 g Rinder- und Schweinehackfleisch · 2 Eier · 3 EL Tomatenketchup · 1 EL Meerrettich, gerieben ·
2 EL Senf · Salz · Margarine oder Butter*

Die Paprikaschote halbieren, entkernen, in Streifen schneiden und in 75 ml Wasser 5 Minuten kochen; herausnehmen und abtropfen lassen. Den Speck in lange Streifen schneiden. Die Petersilie waschen und fein hacken. Die Zwiebel schälen und fein würfeln. Das Brötchen 5 Minuten in lauwarmem Wasser einweichen, ausdrücken und fein zerpflückt in eine Schüssel geben. Das gesamte Hackfleisch, Zwiebelwürfel, Eier, Tomatenketchup, Meerrettich, Senf sowie Salz dazugeben und alles mit nassen Händen oder den Knethaken des Handrührgerätes gut vermischen. Die Farce auf einem mit Wasser benetzten Brett zu einem ovalen, flachen Laib formen. Speck- und Paprikastreifen sowie Petersilie in die Mitte geben, die Teigränder mit Wasser befeuchten, den Fleischlaib einmal übereinander schlagen und die Ränder zusammendrücken. Ein Backblech mit Margarine einfetten, die Hackfleischrolle darauf legen und im auf 180 °C vorgeheizten Backofen etwa 40 Minuten braten; etwa 15 Minuten im abgeschalteten Backofen ruhen lassen. Hackfleischrolle nach dem völligen Erkalten in 2 cm dicke Scheiben schneiden.

Cevapcici

600 g gemischtes Hackfleisch · 3 Zwiebeln, geschält und fein gehackt ·
1 EL Mehl · Salz · Pfeffer aus der Mühle · 1 EL edelsüßes Paprikapulver ·
½ TL scharfes Paprikapulver · 1 TL Majoran · Mehl zum Wenden ·
50 g Bratfett (z. B. 2 Stücke Palmin)

Das Hackfleisch mit gehackten Zwiebeln, Mehl, Salz, Pfeffer, den beiden Paprikasorten sowie Majoran zu einem geschmeidigen Teig verarbeiten und würzig abschmecken. Mit angefeuchteten Händen fingerlange Würstchen von 2 cm Durchmesser aus dem Fleischteig formen; in Mehl wenden und 1 Stunde antrocknen lassen. In einer großen Pfanne das Bratfett erhitzen und darin die Hackfleischröllchen etwa 10 Minuten rundherum knusprig braun braten oder sie mit zerlassenem Bratfett großzügig einstreichen und unter dem vorgeheizten Grill 10 Minuten grillen und dabei mehrmals wenden.

Tipp: Zu den Hackfleischröllchen reicht man auf dem Balkan dünne, rohe Zwiebelringe mit Paprika bestäubt und einen Paprika-Tomaten-Salat.

Frikadellen

*1 eingeweichtes Brötchen · 500 g gemischtes Hackfleisch ·
2 Zwiebeln · 2 kleine Eier · Salz · ½ TL Pfeffer aus der Mühle ·
50 g Bratfett (z.B. 2 Stück Palmin)*

Das Brötchen ausdrücken und zerpflückt mit dem Hackfleisch in eine Schüssel geben. Die Zwiebeln schälen, fein hacken und zusammen mit Eiern, Salz und Pfeffer dazugeben. Einen geschmeidigen Fleischteig kneten und diesen würzig abschmecken. Aus dem Fleischteig acht Frikadellen formen. Das Bratfett in einer großen Pfanne erhitzen und darin die Frikadellen bei mittlerer Hitze pro Seite jeweils 1 Minute anbraten. Zum Schluss auf jeder Seite in 5 Minuten gar braten.

Frikadellen mit Ei und Tomate: 2 Eier hart kochen und in Viertel schneiden. 3 Tomaten in gleichmäßig dicke Scheiben schneiden. Die Tomatenscheiben im Bratfett 1 Minute unter Wenden braten; salzen und pfeffern. Je 1 Tomatenscheibe auf jeder Frikadelle anrichten, darauf ein Eiviertel legen. Mit den übrigen Tomatenscheiben anrichten und mit Schnittlauchröllchen garnieren.

Frikadellen mit Orange und Crème fraîche: 2 Orangen wie einen Apfel schälen, sodass die weiße Haut auch entfernt wird. Dann die Filets aus den Trennhäuten schneiden und kurz im Bratfett erhitzen; auf den Frikadellen anrichten. Je 1 TL Crème fraîche darauf geben. Mit Minze garnieren.

Frikadellen mit Ananas und Edelpilzkäse: 150 g Edelpilzkäse in acht Stücke schneiden und auf die gebratenen Frikadellen verteilen. Den Käse darauf in der geschlossenen Pfanne schmelzen lassen. Acht abgetropfte Scheiben Ananas (aus der Dose) kurz im Bratfett erhitzen. Die Frikadellen darauf anrichten und mit je einem Ananasstückchen garnieren.

Frikadellen mit durchwachsenem Speck: Vier lange, dünne Scheiben durchwachsenen Speck halbieren und in der Pfanne goldbraun braten. Die Frikadellen darauf anrichten. Mit Schnittlauch und Schinkenstreifen garnieren.

Frikadellen mit Paprika: Je 1 kleine rote und grüne Paprikaschote aushöhlen und in dünne Ringe schneiden. In etwas Bratfett 5 Minuten dünsten; salzen und pfeffern und auf die Frikadellen verteilen.

Frikadellen mit Spiegelei: Aus dem Fleischteig vier flache Frikadellen braten. Dann vier Spiegeleier braten; salzen und mit etwas Paprikapulver bestäuben. Auf den gebratenen Frikadellen anrichten und mit Schnittlauch garnieren.

Lammfrikadellen

500 g Lammhackfleisch · 1 altbackenes Brötchen · 1 Zwiebel ·
1 Knoblauchzehe · 1 Zweig Petersilie · 1 Ei · ½ TL Rosmarin ·
1 TL Thymian · Salz · Pfeffer

Das Lammhackfleisch in eine Schüssel geben. Das Brötchen in kaltem Wasser einweichen und ausdrücken. Zwiebel und Knoblauch schälen und fein würfeln. Petersilie waschen und fein hacken. Lammhackfleisch, Brötchen, Ei, Zwiebelwürfel und ausgedrückte Knoblauchzehe, mit den Kräutern, Salz und Pfeffer gut vermengen und würzig abschmecken. Aus der Masse mit nassen Händen Frikadellen formen. Diese auf dem Grill etwa 8 Minuten von jeder Seite grillen.

Tipp: Dazu passen gemischter Salat, Brot und eine Grillsauce. Sie können aber auch Kartoffel oder Reis dazu servieren.

Wildfrikadellen

500 g beliebiges Wildfleisch · 1 altbackenes Brötchen ·
75 g durchwachsener Speck · 2 Eier · 5 Wacholderbeeren, zerstoßen ·
Salz · Pfeffer aus der Mühle · 1 EL Margarine oder Butter

Das Wildfleisch durch die feine Scheibe des Fleischwolfs drehen. Das Brötchen 5 Minuten in lauwarmem Wasser einweichen, mit den Händen ausdrücken und gut zerpflückt zum Hackfleisch geben. Den Speck fein würfeln und in der Pfanne auslassen. Speckgrieben, Eier, Wacholderbeeren, Salz und Pfeffer unter das Hackfleisch mischen, alles gut verkneten. Aus dem Fleischteig runde, flache Frikadellen formen. Margarine oder Butter zum Speckfett geben, erhitzen und die Frikadellen darin beidseitig etwa 10 bis 12 Minuten bei mittlerer Hitze goldbraun braten.

Frikadellen mit Gemüse

Für das Fleisch: 600 g Rinderhackfleisch · Salz · Pfeffer aus der Mühle ·
1 Zwiebel · 1 Knoblauchzehe · ½ rote Paprikaschote · 1 TL Senf · 1 TL Toma-
tenmark · 1 TL Kräuter der Provençe · 1 Ei · 1 Brötchen · 150 g halbfester
Schnittkäse · 3 EL Öl zum Braten · Für das Gemüse: 2 Zwiebeln ·
je 1 rote und grüne Paprikaschote · 1 Stange Lauch · 2 Fleischtomaten ·
Salz · Pfeffer aus der Mühle · Kräuter der Provençe

Das Hackfleisch mit Salz und Pfeffer würzen. Die Zwiebel und die Knoblauchzehe schälen, die Zwiebel klein schneiden, den Knoblauch durchpressen und beides zum Fleisch geben. Die Paprikaschote waschen, klein schneiden und ebenfalls dazugeben. Alles mit Senf, Tomatenmark und Kräutern der Provence würzen. Das Brötchen in Wasser einweichen, ausdrücken und zusammen mit dem Ei zur Fleischmasse geben, gut unterrühren. Zum Schluss die Hälfte des Schnittkäses klein schneiden und untermischen. Aus dem Hackfleischteig insgesamt 8 Frikadellen formen. Die Frikadellen in heißem Öl rundherum etwa 8 Minuten braten, anschließend auf einen Teller legen. Das Gemüse in Stücke schneiden und im verbleibenden Fett kurz schmoren und würzen. Den restlichen Käse in 8 Scheiben schneiden und auf die Frikadellen verteilen. Das Gemüse in eine feuerfeste Form geben, die Frikadellen darauf setzen und im vorgeheizten Backofen bei 200 °C etwa 10 Minuten überbacken.

Gefüllte Buletten

1 altbackenes Brötchen · 1 Zwiebel · 750 g gemischtes Hackfleisch ·
2 Eier · Salz · Pfeffer aus der Mühle · edelsüßes Paprikapulver · 3 EL Öl ·
½ Glas Fondue-Relish (Fertigprodukt) · 1 kleines Glas Mixed Pickles ·
1 hart gekochtes Ei

Das Brötchen einweichen und ausdrücken. Die Zwiebel schälen und fein hacken. Alles mit Hackfleisch und Eiern vermengen und mit Salz, Pfeffer sowie Paprika abschmecken. Aus dem Teig 10 Frikadellen formen und diese in heißem Öl von beiden Seiten braten; abkühlen lassen und quer durchschneiden. Die Hälften mit Fondue-Relish bestreichen, mit Mixed Pickles und Eischeiben belegen und wieder zusammensetzen.

Leberknödel

3 Zwiebeln, geschält · 50 g Räucherspeck · 2 EL Butter · 2 altbackene Brötchen · 250 g Rinderleber, durch den Fleischwolf gedreht · 125 g gemischtes Hackfleisch · 1 Ei · 1 EL Petersilie, gehackt · Salz · Streuwürze · Muskatnuss, gerieben · Pfeffer aus der Mühle · Majoran · eventuell etwas Grieß

Die Zwiebeln und den Speck würfeln und in der Butter gelb dünsten. Die Brötchen in kaltem Wasser einweichen. Leber und Hackfleisch, ausgedrückte Brötchen, Ei, ein Drittel von der Zwiebelmasse, Petersilie und Gewürze gut verkneten. 2 Liter Wasser mit Salz zum Kochen bringen. Von der Leberfarce mit einem Esslöffel einen Probekloß abstechen, im Salzwasser bei geringer Hitze gar ziehen lassen. Zerfällt der Kloß, noch 1 bis 2 EL Grieß unter die Farce mischen. Alle Klöße in das Salzwasser einlegen und etwa 10 Minuten gar ziehen lassen. Die Klöße mit der übrigen Zwiebelbutter anrichten.

Tipp: Am besten passt dazu Kartoffelbrei. Für Leberknödelsuppe die Hälfte der Farce nehmen, mit Teelöffel Klößchen abstechen und in der Fleischbrühe gar ziehen lassen.

Königsberger Klopse

500 g gemischtes Hackfleisch · 2 altbackene Brötchen,
in Wasser eingeweicht · 50 g geräucherter Speck, gewürfelt · 2 Zwiebeln,
fein gehackt · 1 Ei · 1 TL abgeriebene Schale von 1 unbehandelten Zitrone ·
Salz · Pfeffer aus der Mühle · Zum Garen: 1 l klare Fleischbrühe (Instant) ·
Salz · 1 Zwiebel, geschält · 1 Lorbeerblatt · 3 Pimentkörner · 5 Pfefferkörner ·
Für die Sauce: 3 EL Margarine · 2 EL Mehl · ⅜ l Klopsbrühe ·
1 Röhrchen Kapern · ⅛ l saure Sahne · 1 EL Zitronensaft ·
knapp ⅛ l Weißwein · Zucker · Salz · Pfeffer aus der Mühle ·
2 Eigelb · Außerdem: Petersilie, gehackt

In einer Schüssel aus Hackfleisch, eingeweichten und gut ausgedrückten Brötchen, Speckwürfeln und gehackten Zwiebeln in zusammen mit Ei, Zitronenschale, Salz und Pfeffer einen geschmeidigen Fleischteig kneten. Daraus 16 Klopse formen. Die Fleischbrühe eventuell nachsalzen. Die geschälte Zwiebel in Viertel schneiden, in die Brühe geben und zusammen mit Lorbeerblatt, Piment- und Pfefferkörnern 10 Minuten kochen; durch ein Sieb gießen und auffangen. In der klaren Brühe die Klopse etwa 10 Minuten gar ziehen lassen; herausnehmen und mit Alufolie abgedeckt warm stellen. Für die Sauce die Margarine erhitzen, das Mehl darin anschwitzen und mit der Brühe unter Rühren ablöschen. Die Kapern abtropfen lassen und zusammen mit der sauren Sahne dazugeben (nicht mehr kochen). Mit Zitronensaft, Weißwein, Zucker, Salz und Pfeffer abschmecken und mit den Eigelben legieren. Die Königsberger Klopse in die Sauce geben und mit gehackter Petersilie garniert servieren.

Hackfleischbällchen

4 Schalotten · 2 Knoblauchzehen · 2 EL altbackenes Weißbrot ·
3 EL Milch · 20 g scharfe Chorizo (Knoblauchwurst, ähnlich wie Kabanossi) ·
120 ml Olivenöl · 300 g Rinderhackfleisch · 1 kleines Ei · 2 EL Mehl ·
300 g Fleischtomaten · 90 ml Sherry · 50 ml Gemüse- oder
Fleischbrühe (Instant) · schwarzer Pfeffer · Salz

Schalotten und Knoblauch schälen und fein würfeln. Das Weißbrot in der Milch einweichen und gut ausdrücken. Die Chorizo fein würfeln. In einer Pfanne 2 EL Öl erhitzen und die Schalotten sowie den Knoblauch darin andünsten, die Hälfte davon in eine Schüssel geben. Rinderhack, Weißbrot, Chorizo und Ei dazugeben und alles zu einem glatten Teig kneten. Mit bemehlten Händen aus dem Fleischteig walnussgroße Bällchen formen. Die Tomaten überkreuz einritzen, mit kochendem Wasser überbrühen und enthäuten. Den Stielansatz entfernen und das Fruchtfleisch würfeln. Zu den restlichen Schalotten in die Pfanne geben und mit Sherry und Brühe auffüllen. Zugedeckt 15 Minuten köcheln lassen, dann das Ganze mit dem Pürierstab zu Mus verarbeiten und mit Pfeffer sowie Salz abschmecken. In einer Pfanne das restliche Öl erhitzen und die Hackfleischbällchen darin rundherum knusprig braten. Auf Küchenkrepp etwas abtropfen lassen, dann in die Tomatensauce geben und servieren.

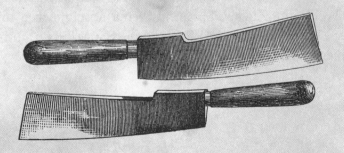

Spanische Hackbällchen mit Tomatensauce

*1 altbackenes Brötchen · 200 ml Milch · 1 große Gemüsezwiebel ·
3 EL Speiseöl · 2 EL Mehl · 200 ml Gemüsebrühe (Instant) · 850 ml geschälte Tomaten (aus der Dose) · 100 ml trockener Sherry · 3 TL Knoblauch-Würzpaste (z.B. von Fuchs) · 600 g gemischtes Hackfleisch ·
1 TL Knoblauchzehe, durchgepresst · 2 TL Hot Chili Würzpaste
(z.B. von Fuchs) · 2 Eier · Salz · ½–1 TL weißer Pfeffer aus
der Mühle · 1 Prise Zucker · glatte Petersilie, fein gehackt*

Das Brötchen in der Milch einweichen, die Zwiebel schälen und in feine Würfel
schneiden. 1 EL Öl in einer Pfanne erhitzen, die Hälfte der Zwiebelwürfel darin anbraten, das Mehl darüber stäuben und mit Gemüsebrühe, Tomaten und
50 ml Sherry ablöschen. Die Knoblauch-Würzpaste dazugeben und alles etwa
15 Minuten köcheln lassen. Das eingeweichte Brötchen gut ausdrücken und mit
Hackfleisch, restlichen Zwiebeln, Knoblauch, Würzpaste, Eiern sowie restlichem
Sherry verkneten; mit Salz und Pfeffer würzen. Aus dem Teig kleine Bällchen formen
und im verbliebenen Öl braten. Die Hackbällchen in die Sauce geben und weitere
5 Minuten mitschmoren lassen. Die Tomatensauce mit Salz, Pfeffer und Zucker
abschmecken, zusammen mit den Hackbällchen anrichten und nach Wunsch mit
Petersilie garniert servieren.

Griechische Hackfleischbällchen

*750 g Rinderhackfleisch · 2 Zwiebeln, fein gehackt · 3 Scheiben Toastbrot
ohne Kruste · 3 EL Anisschnaps · 1 TL Knoblauchzehe, fein gehackt ·
1 TL Oregano · Salz · Pfeffer aus der Mühle · 2 EL Käse, gerieben ·
2 EL Semmelbrösel · 2 Eier · Bratfett für die Pfanne*

Das Hackfleisch in eine Schüssel geben. Das Weißbrot zerbröckeln, in Anisschnaps
einweichen, ausdrücken und zum Hackfleisch geben. Die Zwiebeln in heißer Butter
glasig dünsten und zum Hackfleisch geben. Die restlichen Zutaten hinzufügen und
alles gründlich miteinander vermengen; pikant abschmecken. Aus dem Teig mit
nassen Händen 40 walnussgroße Bällchen formen und 30 Minuten ruhen lassen. In
einer Stielgriffpfanne (28 cm Ø) etwas Bratfett erhitzen, die Fleischbällchen nebeneinander hineinsetzen und anbräunen. Wenn sie sich lösen lassen, umwenden und
in 5 bis 10 Minuten braun braten; öfter wenden. Zum Servieren kleine Holzspieße
in die Fleischbällchen hineinstecken und direkt aus der Pfanne servieren.

Hackfleischspieße

*750 g Lamm- oder Rinderhackfleisch · 3 Zwiebeln, geschält ·
Salz · Pfeffer aus der Mühle · edelsüßes Paprikapulver ·
3 EL Petersilie, fein gehackt · 1 Eigelb · 70 g Semmelbrösel*

Das Hackfleisch in eine Schüssel geben und die Zwiebeln darüber reiben. Alle weiteren Zutaten hinzufügen und den Teig gut verkneten. Die Masse in eigroße Stücke

aufteilen. Jedes Stück an einen Holz- oder Metallspieß drücken und rundherum zu einer Wurst formen. In einer Stielpfanne (24 oder 28 cm Ø) etwas Bratfett erhitzen und darin die Spieße von beiden Seiten knusprig braten. In den letzten 5 Minuten die Hitzezufuhr ausschalten und bei geschlossenem Servierdeckel ziehen lassen.

Fleischspieße mit Hackbällchen

500 g gemischtes Hackfleisch · 1 altbackenes Brötchen, eingeweicht und ausgedrückt · 2 Zwiebeln, gehackt · 2 Eier · Pfeffer aus der Mühle · Salz · etwas Bratfett für die Pfanne · 400 g Schweinefilet, in Würfel geschnitten · 400 g Kalbsleber, in Würfel geschnitten · 2 grüne Paprikaschoten, in Stückchen · 200 g durchwachsener Speck, gewürfelt · 4 Zwiebeln, geviertelt · 8 cl Rum

Aus Hackfleisch, Brötchen, gehackten Zwiebeln sowie Eiern einen Fleischteig bereiten und mit Pfeffer und Salz würzen. Aus dem Fleischteig Bällchen formen und diese abwechselnd mit den anderen Zutaten auf Spieße stecken. In einer Stielgriffpfanne (28 cm Ø) etwas Bratfett erhitzen und die Spieße darin von allen Seiten anbraten. Bei geschlossenem Servierdeckel 8 bis 10 Minuten durchziehen lassen; mit Rum übergießen und flambieren.

Tagliatelle mit Fleischbällchen

500 g Tagliatelle · Für die Hackfleischbällchen: *1 kleine Zwiebel* · *1 Bund Basilikum* · *500 g Rinderhackfleisch* · *3 EL Erdnüsse, fein gemahlen* · *1 Ei* · *Salz* · *Pfeffer aus der Mühle* · *etwas Mehl* · *3 EL Erdnussöl* · Für die Sauce: *1 kleine Zwiebel* · *1 Stück lngwerwurzel (ca. 2 cm)* · *5 EL Erdnusscreme (Fertigprodukt)* · *3 EL Erdnüsse* · *2 EL Rosinen* · *Salz* · *schwarzer Pfeffer aus der Mühle* · *1 Msp. Cayennepfeffer* · *⅜ l Fleisch- oder Gemüsebrühe (Instant)*

Die Tagliatelle nach Packungsanweisung kochen und warm stellen. Für die Hack-bällchen die Zwiebel schälen, fein hacken und zusammen mit dem Hackfleisch in eine Schüssel geben. Das Basilikum abbrausen, die Blättchen abzupfen, fein hacken und mit den gemahlenen Erdnüssen sowie dem Ei zum Hackfleisch geben; mit Salz und Pfeffer würzen und gut durchmischen. Aus der Fleischmasse 20 kleine Bällchen formen, diese in Mehl wälzen und in heißem Erdnussöl bei mittlerer Hitzezufuhr etwa 8 Minuten braten; herausnehmen und warm stellen. Für die Sauce Zwiebel und Ingwerwurzel schälen und fein hacken. Die Erdnusscreme schmelzen, Zwiebel und Ingwer darin andünsten und die Erdnüsse sowie die Rosinen untermischen. Mit Salz, Pfeffer und Cayennepfeffer abschmecken, mit der Brühe aufgießen, auf-kochen und offen 5 Minuten köcheln lassen, bis die Sauce eine cremige Konsistenz hat. Die Hackfleischbällchen auf den Tagliatelle zusammen mit der Sauce anrichten und nach Belieben mit dem restlichen Basilikum garnieren.

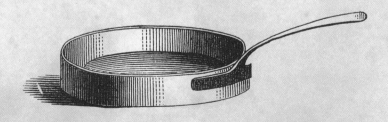

Makkaroni mit Spinat und Fleischbällchen

300 g Spinat · 250 g Tomaten · 1 Zwiebel · 1 Knoblauchzehe ·
300 g Makkaroni · Salz · 3 EL Olivenöl · weißer Pfeffer aus der Mühle ·
250 g Bratwurstmasse (vom Metzger) · 250 g Mozzarella (z. B. Zottarella) ·
Butter für die Form · 3 EL Butterflöckchen · 1 EL Petersilie, gehackt

Den Spinat putzen, die harten Stiele entfernen, gründlich waschen und gut abtropfen lassen. Die Tomaten über Kreuz einritzen, kurz in kochendes Wasser halten, enthäuten und vierteln. Kerne und Stielansätze entfernen und das Fruchtfleisch in größere Würfel schneiden. Die Zwiebel und den Knoblauch schälen und fein hacken. Die Makkaroni in reichlich Salzwasser nicht ganz weich kochen; gut abtropfen lassen. Das Olivenöl in einer Kasserolle erhitzen und darin Zwiebel und Knoblauch hell anschwitzen. Den Spinat dazugeben und kurz mitschmoren; mit Salz und Pfeffer würzen. Die Tomatenwürfel hinzufügen und etwas erhitzen. Die Bratwurstmasse ausdrücken und daraus 20 kleine Klößchen formen; diese in kochendem Salzwasser 5 Minuten ziehen lassen, herausnehmen und abtropfen lassen. Den Mozzarella in Scheiben schneiden und mit den Nudeln und den Klößchen unter die Spinatmasse geben. Eine feuerfeste Form mit etwas Butter einfetten, die Masse einfüllen und mit Butterflöckchen belegen. Im vorgeheizten Backofen bei 200°C auf der mittleren Einschubleiste etwa 20 Minuten garen. Zum Schluss die Petersilie darüber streuen.

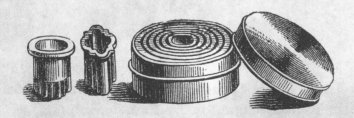

Eier im Hackfleischnest

500 g Tatar · 2 Zwiebeln · Salz · Pfeffer aus der Mühle ·
1 EL Tomatenmark · edelsüßes Paprikapulver · Bratfett für die Pfanne · 4 Eier

Das Hackfleisch mit geschälter, fein gewürfelter Zwiebel, Salz, Pfeffer, Tomatenmark und etwa 2 TL Paprikapulver vermischen. Aus dem Fleischteig vier Klöße
formen, diese in eine gefettete Auflaufform setzen und in die Mitte eine Vertiefung
drücken. In die Vertiefung jeweils 1 rohes Ei geben, mit Paprikapulver bestäuben.
Die Hackfleischnester im vorgeheizten Backofen bei 200 °C so lange backen, bis
das Ei gestockt ist. Nach Wunsch mit Tomaten und Gurken garniert servieren.

Kartoffel-Fleisch-Bauchen

250 g mehlig kochende Kartoffeln ohne Schale, gewürfelt · 250 g Hackfleisch
vom Rind oder Lamm · 1 Zwiebel, fein gehackt · 1 EL Koriander, gehackt ·
1 Staudensellerie, fein gehackt · 2 Knoblauchzehen, durchgepresst · 2 EL Butter ·
1 EL Pflanzenöl · Salz · Pfeffer aus der Mühle · Koriander, gehackt, zum Garnie-
ren · Für die Sauce: 1 EL Pflanzenöl · 1 Zwiebel, fein gehackt · 1 EL brauner
Zucker · 400 g enthäutete Tomaten (aus der Packung) · 1 grüne Chilischote,
gehackt · 1 TL Paprikapulver · 150 ml Gemüsebrühe · 2 TL Speisestärke

Die Kartoffeln in kochendem Wasser 25 Minuten garen, bis sie durch sind, abgießen,
gut abtropfen lassen, in eine Schüssel geben und zu Brei stampfen. Hackfleisch,
Zwiebel, Koriander, Sellerie und Knoblauch dazugeben und alles gut mischen.

Die Mischung zu einem Klumpen kneten und daraus 20 Bällchen formen. Für die Sauce das Öl erhitzen, die Zwiebel 5 Minuten darin anbraten. Die übrigen Zutaten für die Sauce hinzufügen und unter Rühren zum Kochen bringen. Die Hitze reduzieren und alles 20 Minuten köcheln lassen. Die Butter und das Öl erhitzen. Darin die Bällchen nach und nach etwa 10 bis 15 Minuten frittieren, bis sie braun sind; mehrmals wenden. Die fertigen Bällchen warm halten, während die übrigen frittiert werden. In eine Servierschüssel die Sauce füllen, darauf die Bällchen setzen und mit Koriander garniert servieren.

Kartoffelplätzchen mit Hühnerfleisch

*500 g mehlig kochende Kartoffeln ohne Schale, gewürfelt ·
250 g Hühnerhackfleisch · 1 große Banane · 2 EL Weizenmehl (Type 405) ·
1 TL Zitronensaft · 1 Zwiebel, fein gehackt · 2 EL Salbei, gehackt · Salz ·
Pfeffer aus der Mühle · 2 EL Butter · 2 EL Pflanzenöl · 150 g saure Sahne ·
150 ml Gemüsebrühe · frische Salbeiblätter zum Garnieren*

Die Kartoffeln 10 Minuten weich kochen, abgießen und in einer Schüssel zu Brei stampfen. Das Hühnerhackfleisch untermengen. Die Banane zerdrücken und mit Mehl, Zitronensaft, Zwiebel und der Hälfte des Salbeis zum Kartoffelbrei geben; kräftig würzen und gut umrühren. Die Mischung in acht Portionen teilen und jede mit leicht bemehlten Händen zu einem Plätzchen formen. Butter und Öl erhitzen und darin die Kartoffelplätzchen etwa 12 bis 15 Minuten braten, bis sie durch sind; einmal wenden, herausnehmen und warm halten. Für die Sauce Sahne und Gemüsebrühe zusammen mit dem übrigen Salbei in der Pfanne verrühren und 2 bis 3 Minuten köcheln lassen. Die Kartoffelplätzchen auf einem Vorlegeteller anrichten, mit Salbei garnieren und servieren. Dazu die Salbeisauce reichen.

Gerichte mit Hackfleischsaucen

Spaghetti mit Sauce Bolognese

Für die Spaghetti: *300 g Spaghetti · 2 EL Öl · Salz ·*
Für die Sauce: *2 EL Olivenöl · 1 Zwiebel · 1 Knoblauchzehe ·*
375 g gemischtes Hackfleisch · ½ TL Salz · weißer Pfeffer · süßes Paprika-
pulver · ½ TL getrocknete Kräuter (Kräuter der Provençe, Oregano, Basili-
kum) · 1 kleine rote Paprikaschote · 100 g Champignons · 650 g Tomaten,
enthäutet · 1 EL süße Sahne · Saucenpulver (Instant)

In einem großen Topf 3 Liter Wasser zum Kochen bringen, Öl und Salz dazugeben und die Spaghetti in 10 bis 12 Minuten bissfest garen; abgießen und gut
abtropfen lassen. Für die Sauce das Öl erhitzen, Zwiebel und Knoblauchzehe
schälen, fein würfeln und darin andünsten, bis die Zwiebel Farbe genommen hat.
Das Hackfleisch hinzugeben, rundherum anbraten und mit Salz, Pfeffer, Paprika
sowie getrockneten Kräutern würzen. Die Paprikaschote putzen, waschen und
fein würfeln. Die Champignons waschen, putzen und blättrig schneiden. Beides
unter das Hackfleisch mischen und bei mittlerer Hitze mitdünsten. Die Tomaten
in ein Sieb schütten, den Saft auffangen und sie grob zerdrücken. Den Saft und
das Tomatenmus unter die Hackfleischmasse mischen und das Ganze zugedeckt
etwa 5 Minuten köcheln lassen. Dabei gelegentlich durchrühren (eventuell etwas
Wasser hinzugeben). Die Sahne untermischen und mit etwas Instantsaucenpulver
abschmecken. Unter Rühren gründlich aufkochen lassen und zusammen mit den
Spaghetti sofort servieren.

Spaghetti mit Hackfleisch-Tomaten-Sauce

1 Zwiebel, geschält und gewürfelt · 2 Möhren, in kleine Würfel geschnitten ·
100 g Sellerie, in kleine Würfel geschnitten · 350 g gemischtes Hackfleisch ·
2 Sardellenfilets, gehackt · 2 Zweige Thymian, gehackt · 1 Zweig Majoran,
gehackt · 1 Zweig Oregano, gehackt · 150 g Champignons, in Scheiben ·
250 ml Gemüsebrühe (Instant) · 400 ml Tomatenstücke (aus der Dose) ·
2 EL Öl · Salz · 300 g Spaghetti · 200 g grüne Oliven, entsteint
und in Scheiben geschnitten · Pfeffer aus der Mühle

Eine Stielpfanne (28 cm Ø) auf die Kochstelle stellen und bei mittlerer Hitzezufuhr
aufheizen. Die Zwiebeln unter ständigem Rühren andünsten und die Möhren- und
Selleriewürfel dazugeben; kurz mitdünsten und herausnehmen. Das Hackfleisch
in die Stielpfanne geben und krümelig braten. Das Zwiebel-Gemüse Gemisch, die
Sardellen, die Kräuter sowie die Champignonscheiben hinzufügen und gut unterheben. Mit der Gemüsebrühe ablöschen und die Tomatenstücke dazugeben. Den
Deckel auflegen und bei geringer Hitze 20 Minuten garen. In der Zwischenzeit
3 Liter Wasser zum Kochen bringen, Öl und Salz dazugeben und die Spagetti in
10 bis 12 Minuten bissfest garen; abgießen und abtropfen lassen. Nach Ablauf der
Garzeit die Oliven zur Sauce geben und weitere 5 Minuten garen. Die Sauce kräftig
mit Pfeffer abschmecken und zusammen mit den Spaghetti servieren.

Penne mit Schweinehacksugo

*1 große Zwiebel · 1 Möhre · 50 g magerer Speck · 50 g roher Schinken ·
4 EL Olivenöl · 300 g mageres Schweinehackfleisch · 1 EL Tomatenmark ·
3 Zweige glatte Petersilie · 1 Lorbeerblatt · ⅛ l Rotwein · Salz · 300 g Penne ·
schwarzer Pfeffer aus der Mühle · ¼ l Fleischbrühe (Instant)*

Die Zwiebel und die Möhre schälen und fein würfeln. Den Speck und den Schinken ebenfalls in feine Würfel schneiden. 2 EL Öl in einem Topf erhitzen und den Speck darin leicht anrösten. Die Zwiebel- und die Möhrenwürfel dazugeben und kurz mitbraten lassen. Die Schinkenwürfel, das Hackfleisch und das Tomatenmark hinzufügen, 2 bis 3 Minuten mitbraten und die Petersilienzweige sowie das Lorbeerblatt dazugeben. Die Hälfte des Weins dazugießen und ihn auf die Hälfte einkochen lassen. Die Sauce mit Salz und Pfeffer würzen. Den restlichen Wein und nach und nach die Fleischbrühe dazugießen. Das Sugo zugedeckt etwa 35 Minuten schmoren lassen; es soll leicht sämig sein.

In der Zwischenzeit 3 Liter Wasser zum Kochen bringen, restliches Öl und Salz dazugeben und die Penne in 10 bis 12 Minuten bissfest garen; abgießen und abtropfen lassen. Aus dem Sugo die Petersilienzweige und das Lorbeerblatt entfernen. Das Sugo mit Salz und Pfeffer abschmecken und heiß mit den Penne servieren.

Variation: Das Sugo wie oben beschrieben zubereiten und etwa 10 Minuten vor Ende der Garzeit 250 g frisch enthülste oder tiefgekühlte Erbsen dazugeben. Oder während des Garens je 1 rote, grüne und gelbe Paprikaschote vierteln, entkernen, waschen und in feine Würfel schneiden. In einem separaten Topf 1 EL Butter erhitzen, die Paprikawürfel und 1 TL edelsüßes Paprikapulver dazugeben und die Würfel in 10 bis 12 Minuten weich dünsten. Etwa 5 Minuten vor Ende der Garzeit des Sugos dazugeben.

Makkaroni mit Hackfleischsauce

3–4 EL Olivenöl · 300 g Rinderhackfleisch · 2 frische rote Pfefferschoten ·
40 g frische Ingwerwurzel · 1 TL Speisestärke · 1 EL trockener Sherry ·
3 Knoblauchzehen, durchgepresst · 1 Prise Zucker · 1–2 EL süße Sojasauce ·
150 ml Rindfleischbrühe (Instant) · 400 g geschälte Tomaten (aus der Dose) ·
2 EL Kerbelblättchen · 100 g Sojasprossen (aus dem Glas) · Salz ·
Pfeffer aus der Mühle · 500 g Makkaroni · 1 EL Petersilie, grob gehackt

Das Olivenöl erhitzen und das Hackfleisch darin kräftig anbraten. Die Pfefferscho-
ten in Ringe schneiden, den Ingwer schälen und in feine Streifen schneiden. Die
Speisestärke mit Sherry verrühren und zusammen mit Knoblauch, Pfefferschoten,
Ingwer, Zucker, Sojasauce und der Fleischbrühe zum Hackfleisch geben; kurz
durchkochen lassen. Die Tomaten durch ein Sieb passieren und dazugeben. Die
Kerbelblättchen und die Sojasprossen hinzufügen, die Sauce mit Salz und Pfeffer
abschmecken und bei milder Hitze offen köcheln lassen. Die Makkaroni nach
Packungsanweisung in Salzwasser bissfest garen, auf ein Sieb schütten und gut
abtropfen lassen. Die Nudeln auf Teller verteilen und jeweils zusammen mit der
Sauce servieren. Jede Portion mit gehackter Petersilie bestreuen.

Bandnudeln mit Hackfleisch-Gemüse-Sauce

75 g rote Linsen · 200 ml Gemüsebrühe (Instant) · 1 kleine Zwiebel ·
1–2 Knoblauchzehen · 1 EL Öl · 400 g Rinderhackfleisch · Salz · schwarzer
Pfeffer aus der Mühle · 400 g geschälte Tomaten (aus der Dose) · 100 g Mais
(aus der Dose) · Cayenne- oder Chilipfeffer · einige Tropfen Tabasco ·
400 g gedrehte Bandnudeln · 1 TL Oregano, gehackt

Die Linsen in der Gemüsebrühe etwa 5 Minuten bissfest garen. Die Zwiebel schälen und fein würfeln. Den Knoblauch schälen und durch die Presse drücken. Das Öl in einer Pfanne erhitzen und die Zwiebel und den Knoblauch darin andünsten. Das Hackfleisch hinzufügen und unter Rühren so lange braten, bis es braun und krümelig wird; mit Salz und Pfeffer würzen. Die Tomaten durch ein Sieb in die Pfanne passieren und den Mais dazugeben. Die Sauce unter Rühren etwa 10 Minuten offen kochen lassen, bis die Tomatenflüssigkeit verdampft ist; mit Cayenne- oder Chilipfeffer und Tabasco scharf abschmecken. Reichlich Salzwasser zum Kochen bringen und die Nudeln darin bissfest garen. Auf einem Sieb abtropfen lassen und auf vorgewärmten Tellern verteilen. Zum Schluss die Linsen und den Oregano unter die Hackfleischsauce mengen und diese über den Nudeln verteilen.

Hackfleisch-Gemüse-Pfanne mit Bandnudeln

je 1 rote, grüne und gelbe Paprikaschote · 1 Zucchini · 2 Zwiebeln ·
2 EL Butter · 500 g gemischtes Hackfleisch · Salz · 1 Prise Cayennepfeffer ·
TL edelsüßes Paprikapulver · 200 g süße Sahne · 2 EL Crème fraîche ·
3 EL Kornschnaps · Zucker · 400 g Bandnudeln

Die Paprikaschoten waschen, Stielansätze und Kerne entfernen und das Fruchtfleisch würfeln. Zucchini waschen, putzen und in Scheiben schneiden. Die Zwiebeln schälen und fein hacken. Die Butter in einer Pfanne erhitzen und das Gemüse
darin unter Rühren etwa 5 Minuten andünsten. Das Hackfleisch dazugeben und
krümelig braten. Die Gemüse-Hackfleisch-Mischung mit Salz, Cayennepfeffer und
Paprika würzen. Die süße Sahne, Crème fraîche und Kornschnaps einrühren und
zugedeckt bei geringer Hitze etwa 10 Minuten schmoren lassen. Zum Schluss
1 Prise Zucker hinzufügen; eventuell nachwürzen. Die Nudeln in reichlich kochendem Salzwasser bissfest garen, auf einem Sieb abtropfen lassen und zu der
Hackfleisch-Gemüse-Mischung servieren.

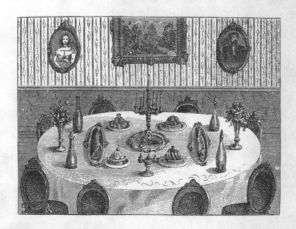

Hackfleisch mit Lauch

250 g gemischtes Hackfleisch · 4 EL Bratfett · 500 g Lauch ·
2-3 EL Mehl · etwa ¼ l Fleischbrühe (Instant) · Salz ·
etwas Tomatenketchup · 2–4 EL Schmand oder Crème fraîche

Das Hackfleisch in heißem Bratfett gut anbraten. Den Lauch gut waschen, in feine Streifen schneiden und zum Fleisch dazugeben; das Mehl darüber stäuben und kurz durchdünsten. Die Fleischbrühe dazugießen, salzen und zugedeckt 10 bis 15 Minuten bei mäßiger Hitzezufuhr dünsten. Zum Schluss mit Tomatenketchup und Schmand oder Crème fraîche abschmecken.

Maultaschen mit Fleischsauce

1 Zwiebel · 1 Knoblauchzehe · 2 Nelken · 6 EL Olivenöl ·
250 g gemischtes Hackfleisch · ⅛ l Rotwein · 400 g geschälte Tomaten
(aus der Dose) · Salz · 500 g Maultaschen (Fertigprodukt) · 5 EL Parmesan,
frisch gerieben · schwarzer Pfeffer aus der Mühle

Die Zwiebel und den Knoblauch schälen. Den Knoblauch fein hacken und die Zwiebel mit den Nelken spicken. Das Olivenöl in einer Pfanne erhitzen, Zwiebel und Knoblauch darin glasig dünsten. Das Hackfleisch dazugeben, mit dem Wein ablöschen und so lange kochen lassen, bis er verdunstet ist. Die Tomaten mit dem Stabmixer pürieren, zum Fleisch geben, salzen und etwa 60 Minuten köcheln lassen; ab und zu umrühren, eventuell etwas Wasser dazugeben. Die Maultaschen in reichlich kochendem Salzwasser nach Packungsanweisung bissfest garen, auf einem Sieb abtropfen lassen und in eine vorgewärmte Schüssel geben. Die Hackfleischsauce darüber gießen, alles gut vermischen und vor dem Servieren mit geriebenem Parmesan und Pfeffer bestreuen.

Hackfleischhaschee mit Pilzen

2 Zwiebeln · 2 Knoblauchzehen · 4 EL Butterschmalz ·
375 g gemischtes Hackfleisch · 500 g frische Champignons · weißer Pfeffer
aus der Mühle · Salz · 1 Spritzer Zitronensaft · 1 EL Mehl · 500 ml Fleisch-
oder Gemüsebrühe (Instant) · 1 Bund Petersilie oder Kerbel

Die Zwiebeln und den Knoblauch schälen, fein hacken und im heißen Butterschmalz glasig werden lassen. Das Hackfleisch hinzugeben und bei mehrmaligem Wenden braun anbraten. Die Pilze waschen, trockentupfen, putzen und in mundgerechte Stücke schneiden (kleine Champignons ganz lassen). Die Pilze zum Hackfleisch geben und mitdünsten. Mit Pfeffer und Salz würzen, mit Zitronensaft abrunden und das Mehl darüber stäuben. Die Masse durchmischen und nach und nach unter Rühren die Brühe angießen. Die Sauce offen 5 Minuten bei mäßiger Hitze durchköcheln lassen. Die Kräuter waschen, trockenschütteln, fein hacken und über das Haschee streuen.

Tipp: Dazu passen sehr gut Semmelknödel. Statt Champignons können Sie auch andere Pilze nehmen. Besonders fein und edel schmeckt das Gericht mit Steinpilzen.

Pikantes Hackfleischgericht

250 g gemischtes oder mageres Schweinehackfleisch · 4 EL Öl ·
2–3 Zwiebeln · 3 Paprikaschoten · 2 mittelgroße Gurken · 4–5 Tomaten,
geschält und in Viertel geteilt · Salz · Paprika · Zum Dünsten: 4 EL Öl ·
4 EL Schmand · reichlich Petersilie, gehackt · ½–1 EL Mehl

Das Hackfleisch in heißem Öl leicht anbraten. Die Zwiebeln schälen, klein hacken, zum Fleisch geben und goldgelb rösten. Die Paprikaschoten halbieren, weiße Trennwände und Kerne entfernen, waschen und das Fruchtfleisch in Streifen schneiden. Die Gurken in fingergliedlange Stücke schneiden und zusammen mit der Paprika ebenfalls zum Fleisch geben, dünsten, die Tomaten hinzufügen und alles mit Salz sowie Paprika würzen. Bei Bedarf etwa ¼ l Wasser dazugießen und zugedeckt bei geringer Hitzezufuhr etwa 30 Minuten garen; mit etwas Schmand anreichern und reichlich Petersilie dazugeben. Pikant abschmecken und eventuell mit Mehl leicht binden.

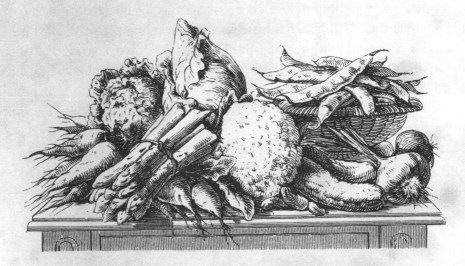

Chili con Carne

400 g Tomaten · 100 g durchwachsener Speck · 2 Zwiebeln,
geschält · 50 g Bratfett (z. B. 2 Würfel Palmin) · 500 g Rinderhackfleisch ·
2 grüne Paprikaschoten, geputzt und in Würfel geschnitten · 50 ml Fleisch-
brühe (Instant) · 440 g rote Bohnen (aus der Dose) · Salz · Pfeffer aus der
Mühle · 1 EL Chilipulver · 1 EL edelsüßes Paprikapulver

Die Tomaten überkreuz einritzen, mit kochendem Wasser überbrühen, schälen,
vierteln, entkernen und das Fruchtfleisch in Würfel schneiden. Den Speck fein
würfeln, die geschälten Zwiebeln fein hacken. Das Bratfett in einer großen, tiefen
Pfanne erhitzen und darin den Speck sowie die Zwiebeln goldbraun braten. Das
Hackfleisch nach und nach dazugeben und unter ständigem Wenden Farbe an-
nehmen lassen. Die Paprikaschoten hinzufügen und die Fleischbrühe angießen.
10 Minuten in der geschlossenen Pfanne schmoren und dabei gelegentlich umrühren. Die gewürfelten Tomaten und die Bohnen dazugeben, mit Salz, Pfeffer,
Chilipulver und Paprika kräftig würzen und weitere 20 Minuten köcheln lassen
(davon 10 Minuten bei geschlossener Pfanne). Zum Schluss pikant abschmecken
und sofort servieren.

Hackfleischfüllungen, Terrinen und Pasteten

Kohlrouladen

Für 6 Personen
500 g gemischtes Hackfleisch · 100 g Zwiebeln · 1 EL Butter ·
2 altbackene Brötchen · weißer Pfeffer aus der Mühle · Kümmel, geschrotet ·
Salz · 1 EL Petersilie, gehackt · 1 TL getrockneter Majoran · 1 Ei ·
Semmelbrösel zum Festigen · 2 Möhren · 100 g Lauch · Butter für die Form ·
12 große schöne Wirsing- oder Weißkohlblätter · 500 ml Fleisch- oder
Gemüsebrühe (Instant) · 2 EL saure Sahne nach Belieben

Das Hackfleisch in eine Schüssel geben. Die Zwiebeln schälen, fein hacken und in der heißen Butter goldgelb dünsten; abkühlen lassen. Die Brötchen in warmem Wasser einweichen, gut ausdrücken und zusammen mit den Zwiebeln zur Hackmasse geben. Alles gut vermengen und mit Pfeffer, Kümmel und Salz gut würzen. Die Kräuter und das Ei untermischen und die Masse mit den Händen zu einem glatten Teig verbieten; soviel Semmelbrösel untermischen, bis der Teig sich festigt und leicht formen lässt. Die Möhren und den Lauch waschen, putzen und in ½ cm dicke Scheiben schneiden. Einen Schmortopf mit Butter ausstreichen und das Gemüse auf dem Topfboden verteilen. Die Kohlblätter waschen, in kochendem Salzwasser zwei Minuten blanchieren, herausnehmen, kalt abschrecken und abtropfen lassen. Die dicken Mittelrippen der Blätter an der Außenseite mit einem Küchenmesser etwas abflachen, damit sie sich besser aufrollen lassen. Je zwei Kohlblätter überlappend nebeneinander legen und ein Sechstel der Hackmasse als länglich geformtes Teigstück in die Mitte setzen. Das Ganze jeweils zu einer kleinen Roulade aufrollen, mit Küchengarn umwickeln und in den mit Gemüse ausgelegten Schmortopf legen. Den Backofen auf 200 °C vorheizen. Die Brühe angießen, die Rouladen mit Kümmel bestreuen und zugedeckt im Backofen auf der zweiten Einschubleiste von unten etwa 30 bis 35 Minuten schmoren. Die Kohlrouladen vorsichtig herausnehmen, im Backofen warm halten und die Schmorflüssigkeit auf der Herdplatte etwas einkochen lassen. Die Sauce nach Belieben mit saurer Sahne abrunden, abschmecken und zusammen mit den Kohlrouladen servieren.

Tipp: Man kann die Kohlrouladen auch mit Rotkohl und Chinakohl zubereiten. Verwenden Sie ruhig reichlich Kohlblätter. Wenn Sie eine üppige Gemüsebeilage möchten, geben Sie zusätzlich zu Möhren und Lauch noch in Streifen geschnittenen Kohl mit in den Schmortopf.

Thüringer Rotkohlwickel

1 TL Salz · 3–4 EL Weißweinessig · 2 Gewürznelken · 3 EL Zucker ·
8 schöne Rotkohlblätter (400 g) · ½ altbackenes Brötchen · 80 g durch-
wachsener Räucherspeck · 150 g Zwiebeln · 50 g frische Champignons ·
2 EL Butter · 350 g Rinderhackfleisch (aus der Schulter oder Keule) · 1 Ei ·
weißer Pfeffer aus der Mühle · Salz · 2 EL Butterschmalz · ¼ l trockener
Rotwein · 350 ml Rinderbrühe (Instant) · 1 EL Crème fraîche · 1 TL Mehl

Etwa 1 Liter Wasser mit Salz, Essig, Nelken und Zucker aufkochen. Von einem
Rotkohlkopf die äußeren Blättern entfernen, acht schöne Blätter weiter innen
abschneiden und in das kochende Wasser geben; 5 Minuten leise köcheln lassen
und mit der Schaumkelle herausnehmen. Das halbe Brötchen einweichen. Den
Räucherspeck fein würfeln, die Zwiebeln schälen und ebenfalls fein würfeln. Die
Pilze waschen, putzen und klein schneiden. Die Butter in einer Kasserolle erhitzen
und die Zwiebel- und Speckwürfel darin gut anbraten, die Pilze dazugeben und
3 bis 5 Minuten mitdünsten. Das eingeweichte Brötchen gut ausdrücken. Das
Rindfleisch mit Ei, ausgedrücktem Brötchen, der Zwiebel-Speck-Mischung, Pfeffer
und Salz mischen und gut durchkneten. Bei den Rotkohlblättern die Rippen außen
etwas abflachen, die Blätter ausbreiten und die Rindfleischmasse darauf verteilen.
Die Blätter von der schmaleren Seite her aufrollen, dabei die Längsseiten etwas
einschlagen und die Rouladen mit Küchengarn zusammenbinden. Den Backofen
auf 220 °C vorheizen. Das Butterschmalz in einem Schmortopf erhitzen und die
Rotkohlwickel darin von allen Seiten etwa 6 Minuten anbraten; mit Rotwein und
Brühe ablöschen. 1 bis 2 EL Kochsud dazugeben und die Kohlrouladen zugedeckt
im Backofen 50 Minuten schmoren; zwischendurch zweimal wenden. Crème fraîche
mit 2 EL Bratflüssigkeit und dem Mehl glatt rühren, die Mischung in die Bratflüssigkeit rühren und die Sauce 5 Minuten köcheln lassen.

Tomaten mit Fleischfüllung

10–12 große, feste Fleischtomaten · Salz · Für die Füllung:
3 EL Bratfett · 1 große Zwiebel, fein gehackt · 300 g gemischtes Hackfleisch ·
100 g Emmentaler Käse, in feine Würfel geschnitten · edelsüßes Paprika-
pulver · Salz · Zum Dünsten: 3 EL Butter oder Öl für die Form ·
etwas Mark der Tomaten · 125 g saure Sahne · 3–4 EL Käse, gerieben ·
1 TL Mehl zum Binden

Die Tomaten waschen, jeweils einen Deckel abschneiden, vorsichtig aushöhlen, leicht salzen und kühl stellen. Für die Füllung das Bratfett erhitzen und darin die gehackte Zwiebel andünsten, das Hackfleisch dazugeben und bei starker Hitzezufuhr rasch anbräunen. Unter die noch heiße Fleischmasse die Käsewürfel mischen und mit Paprika und Salz pikant abschmecken. Das Fleisch in die Tomaten füllen, eine Auflaufform mit Butter oder Öl einfetten, die gefüllten Tomaten hineingeben und zugedeckt im vorgeheizten Backofen bei 200 °C etwa 10 Minuten dünsten. Die Tomatendeckel darauf legen, etwas von dem Mark der Tomaten zwischen die Tomaten geben und weitere 10 Minuten dünsten. Die saure Sahne hinzufügen und den geriebenen Käse darüber streuen. Die Tomaten offen im Backofen kurz braten. Die Sauce nach Belieben mit etwas Mehl leicht binden und nochmals abschmecken. Das Gericht in der Form heiß servieren.

Tipp: Dazu passt körniger Reis, Bandnudeln oder Salzkartoffeln und Salat. Sie können auch Fladenbrot oder Baguette dazu reichen.

Variation: Statt der Tomaten können Sie auch Paprikaschoten, Zwiebeln, Zucchini oder Kohlrabi mit Hackfleischteig füllen.

Gefüllte Paprika in Tomatensauce

Für 8 Personen

16 grüne Paprikaschoten · 100 g Zwiebeln · 3 Knoblauchzehen ·
1 Bund Petersilie · 4 EL Schweineschmalz · 120 g Weißbrot · 1,2 kg Schweine-
hals (ohne Knochen) · 4 Eier · 4 EL rote Paprikaschote, in Würfeln ·
4 EL Zucchini, in Würfeln · 70 g körnig gekochter Reis · Salz · Pfeffer aus
der Mühle · 1 Prise Majoran · etwas Senf · Für die Sauce: ca. 60 g Speck-
schwarte · 150 g Zwiebeln · 4 Knoblauchzehen · 10 g Schweineschmalz ·
3 Dosen Tomaten, enthäutet · Salz · Pfeffer aus der Mühle · 1 Prise Zucker ·
Nach Belieben: *Basilikum · Rosmarin · Thymian · Lorbeerblatt · Estragon*

Die Paprikaschoten waschen, Stielansätze und Kerne entfernen, Zwiebeln und Knoblauchzehen enthäuten und fein hacken. Die Petersilie klein schneiden. 2 EL Schweineschmalz zerlassen und darin Zwiebeln und Knoblauch andünsten, danach auch die Petersilie darin durchschwenken; abkühlen lassen. Das Brot in Scheiben schneiden, in Wasser einweichen und ausdrücken. Das Fleisch mit den Zwiebeln und dem Brot durch den Fleischwolf drehen. Die Masse mit den Eiern vermischen. Paprika- und Zucchiniwürfel getrennt in jeweils 1 EL Schweineschmalz anbraten, bis sie zu rösten beginnen; mit dem Reis an die Füllmasse geben, kräftig würzen und gut durchmischen. Alles in die Paprikaschoten füllen. Die Speckschwarte in 2 cm große Stücke schneiden, Zwiebeln und Knoblauchzehen hacken. Alles in wenig Schweineschmalz leicht anbraten und Tomaten, Gewürze sowie Kräuter nach Geschmack dazugeben. 20 Minuten durchkochen, abschmecken, nachwürzen und durch ein Sieb streichen. Die gefüllten Paprikaschoten in einen Topf legen, mit der Tomatensauce übergießen und für 40 Minuten in den auf 200 °C vorgeheizten Ofen schieben. Die Schoten herausnehmen, die Sauce noch einmal durch ein Sieb passieren. Die Paprikaschoten umgekehrt in den Topf legen, die Sauce wieder darüber gießen und noch einmal für fünf Minuten in den Backofen schieben.

Kohlrabi mit Fleischfüllung

8–10 mittelgroße junge Kohlrabi · Salz · Für die Füllung:
1–2 altbackene Brötchen · 250 g gemischtes Hackfleisch · 50–80 g Rauch-
fleisch, gehackt · 1–2 Eier · 1 Zwiebel · 1 Knoblauchzehe · weißer Pfeffer
aus der Mühle · Salz · getrocknete Kräuter (Thymian, Majoran, Basilikum) ·
2 EL Petersilie, gehackt · Außerdem: 4 EL Bratfett · 1 TL Mehl zum
Binden · 4 EL saure Sahne · etwas Tomatenmark

Die Kohlrabi putzen, schälen, waschen und in Salzwasser halbweich kochen; jeweils den Deckel abschneiden und aushöhlen. Die Brötchen in warmem Wasser
einweichen, gut ausdrücken und zusammen mit dem Hackfleisch sowie dem gehackten Rauchfleisch in eine Schüssel geben. Die Eier hinzufügen. Die Zwiebel
schälen, fein hacken und hinzufügen. Den Knoblauch schälen und durch die Presse
dazudrücken. Die Zutaten zunächst mit einer Gabel grob vermengen, danach mit
den Händen zu einem glatten Teig verarbeiten. Pfeffer, Salz und Kräuter sorgfältig
unterkneten. Den Fleischteig kurz ruhen lassen, dann in die vorbereiteten Kohlrabi
füllen und die Deckel darauf legen. Das Bratfett erhitzen und darin die Kohlrabi
leicht andünsten, etwa ¼ l Wasser dazugießen und zugedeckt bei mittlerer Hitzezufuhr etwa 30 Minuten garen. Kurz vor Ende der Garzeit die Kohlrabi mit saurer
Sahne bestreichen, etwas anbräunen lassen, die Sauce mit Mehl binden und mit
etwas Tomatenmark abschmecken. Die Kohlrabi in der Sauce anrichten und sofort
servieren.

Tipp: Bei sehr jungen, zarten Kohlrabis kann das Vorkochen eventuell ent-
fallen. Als Beilage empfiehlt sich Kartoffelbrei oder gedünstete Kräuterkar-
toffeln.

Gefüllter Chicorée

*300 g Lammhackfleisch · 1 kleines Ei, verquirlt · ½ Brötchen, eingelegt, aus-
gedrückt · 1 Knoblauchzehe, durchgepresst · Salz · schwarzer Pfeffer aus der
Mühle · 4 Chicoréesprossen 500 g Tomaten, geschält und gehackt · 1 Zwiebel,
fein gehackt · Salz · Pfeffer aus der Mühle · Muskatnuss, gerieben*

Das Lammhackfleisch mit Ei, Brötchen und Knoblauch vermengen und mit Salz und
Pfeffer würzen. Die Chicoréesprossen längs halbieren, die Strünke herausschneiden und die Füllung darauf verteilen. In einen Pfannenbräter legen und zugedeckt
20 bis 30 Minuten dünsten. Die Tomatenwürfel mit den Zwiebeln mischen und
10 Minuten garen. Abschmecken und mit den Chicoréesprossen servieren.

Gurken mit Fleischfüllung

*Zutaten für Hackfleischteig siehe Grundrezept Seite 20 · 2 mittelgroße voll-
schlanke Gurken · Salz · etwas Zitronensaft · 3–4 EL Bratfett · 4–6 EL saure
Sahne · etwas Tomatenmark oder -ketchup · 1 TL Mehl zum Binden*

Für die Füllung einen Fleischteig nach Rezeptanweisung von Seite 20 herstellen.
Die Gurken schälen, der Länge nach halbieren, die Kerne herausschaben, salzen,
mit Zitronensaft beträufeln und etwas durchziehen lassen. Den Fleischteig in die
Gurken füllen, die Gurkenhälften aufeinander legen und diese zusammenbinden
oder mit Zahnstocher zusammenstecken. In einem Bräter das Bratfett erhitzen und
darin die Gurken anschmoren oder andünsten, sodass sie von allen Seiten etwas

Farbe haben; bei Bedarf ⅛ Liter Wasser seitlich zugeben und bei mittlerer Hitze-zufuhr etwa 30 Minuten dünsten oder schmoren. Nach Belieben kann man auch die halben Gurken bergartig füllen und nur von unten leicht andünsten, dann lässt man das Ganze im vorgeheizten Backofen bei 180 °C etwa 25 bis 30 Minuten garen. Kurz vor Ende der Garzeit die Gurken mit saurer Sahne sowie Tomatenmark oder -ketchup bestreichen und etwas anbräunen lassen. Die Sauce mit Mehl binden, abschmecken und die Gurken im Ganzen oder in Portionsstücken anrichten.

Blumenkohl mit Rinderhack gefüllt

*1 großer Blumenkohl · 100 g durchwachsener Speck · 1 Zwiebel, geschält ·
60 g Butterschmalz · 250 g Rinderhackfleisch · 1 Ei · 2 EL Semmelbrösel ·
Salz · Pfeffer aus der Mühle · 4 EL Kräuter (Petersilie, Schnittlauch),
fein gehackt · ½ l Gemüsebrühe (Instant) · 250 g süße Sahne ·
6 Korianderkörner · 150 g Edelpilzkäse*

Vom Blumenkohl die grünen Blätter entfernen, waschen und 10 Minuten in Salz-wasser legen. Inzwischen den Speck und die Zwiebel würfeln und in Butterschmalz glasig dünsten. Zum Hackfleisch geben und mit Ei, Semmelbröseln, Salz, Pfeffer und Kräutern vermengen. Mit dieser Masse von der Unterseite her alle Zwischen-räume des Blumenkohls füllen und stopfen. Im Dampftopf ½ Liter Gemüsebrühe erhitzen. Durchlöcherten Dämpfeinsatz so hineinstellen, dass er über der Brühe steht. Den Blumenkohl darauf legen und etwa 8 Minuten garen. Nach Ende der Garzeit den Blumenkohl herausnehmen und quer in Scheiben schneiden. Für die Käsesauce die süße Sahne erhitzen, mit Korianderkörnern würzen und etwa 20 Minuten einkochen. Den Edelpilzkäse klein schneiden und in der Sahne auf-lösen. Die cremige Sauce zu den Blumenkohlscheiben reichen.

Mett-Gemüse-Spieße

Für 8 Personen

500 g Blattspinat · 1 altbackenes Brötchen · 1 Bund Petersilie · 2 mittelgroße Zwiebeln · 50 g durchwachsener Speck · 700 g Schweinemett · 2 Eigelb · 1 TL mittelscharfer Senf · Salz · Pfeffer aus der Mühle · 300 g Kirschtomaten · 300 g Butter · 5 EL Steakpfeffer-Würzmischung (Fertigprodukt)

Den Spinat waschen, verlesen und die harten Stiele entfernen. Die Blätter überbrühen, mit kaltem Wasser abschrecken und gut abtropfen lassen. Den Spinat auf Küchenpapier ausbreiten und trocknen lassen. Das Brötchen in Wasser einweichen und gut ausdrücken. Die Petersilie waschen, trockenschütteln und fein hacken. Die Zwiebeln schälen und in feine Würfel schneiden. Den Speck fein würfeln und in einer beschichteten Pfanne anbraten. Die Zwiebeln hinzufügen und kurz mitbraten. Mett, Eigelbe, Brötchen, Speck-Zwiebel-Mischung, Petersilie und Senf in eine Schüssel geben und verkneten. Mit Salz und Pfeffer würzen. Jeweils vier bis fünf Spinatblätter schuppenartig übereinander legen, die Mettmischung darauf verteilen und die Blätter aufrollen. Die Kirschtomaten waschen und trockentupfen. Die Spinatröllchen und die Tomaten im Wechsel auf Spieße stecken. Die Butter mit der Steakpfeffer-Würzmischung und 1 Prise Salz verrühren. Die Spieße in Alugrillschalen legen und die Hälfte der Pfefferbutter in Flöckchen darauf verteilen. Die Spieße 15 bis 20 Minuten unter dem Grill garen, dabei zwischendurch wenden. Mit der restlichen Pfefferbutter garnieren und servieren.

Gefüllte Wirsingbällchen

*1,2 kg Wirsingkohlkopf · Salz · 250 g Möhren · 1 Bund Lauchzwiebeln ·
1 Bund Kerbel · 1 Bund glatte Petersilie · 500 g Kalbsbrät (vom Metzger) ·
Pfeffer aus der Mühle · 5 EL Butterschmalz · 300 ml Gemüsebrühe (Instant) ·
125 g Crème fraîche*

Den Wirsingkopf putzen und waschen. 12 Blätter vorsichtig ablösen und in kochendem Salzwasser etwa 2 Minuten blanchieren; auf einem Küchentuch abtropfen lassen. Den restlichen Wirsing klein schneiden. Die Möhren waschen und putzen. Die eine Hälfte in feine Stifte schneiden, die andere Hälfte fein würfeln. Die Lauchzwiebeln in Ringe schneiden, den Kerbel (einige Zweige zum Garnieren beiseite legen) sowie die Petersilie waschen und fein hacken. In das Kalbsbrät die gewürfelten Möhren und die Lauchzwiebeln kneten und mit Kräutern, Salz und Pfeffer würzen. Die Masse auf die Wirsingblätter verteilen, diese um die Füllung wickeln und in einem Geschirrtuch zu Bällchen formen. Das Butterschmalz erhitzen und darin die Wirsingbällchen rundherum anbraten. Die Wirsingstücke sowie die Möhrenstifte hinzufügen und alles mit der Gemüsebrühe ablöschen. Die Wirsingbällchen zugedeckt bei geringer Hitze 12 bis 15 Minuten dünsten, aus dem Sud nehmen und warm stellen. In die Sauce Crème fraîche einrühren, kurz aufkochen lassen und mit Salz und Pfeffer abschmecken. Die Wirsingbällchen zusammen mit dem Gemüse anrichten und mit Kerbelblättchen garnieren.

Variation: Statt Kalbsbrät können Sie auch Brät vom Kalb oder Schwein verwenden. Probieren Sie das Rezept auch mal mit Chinakohl aus.

Wirsingrouladen in Kümmelsauce

*8 große Wirsingkohlblätter · Salz · 2 altbackene Brötchen ·
300 g Schweinehackfleisch · 2 Zwiebeln · 2 Eier · Pfeffer aus der Mühle ·
Muskat · scharfes Paprikapulver · 2 EL Kokosfett · ¼ l Fleischbrühe
(Instant) · Für die Sauce: 150 ml Bratenfond (aus dem Glas) ·
½ TL Kümmel · 250 g süße Sahne · 1 TL Tomatenmark ·
Pfeffer aus der Mühle · Salz · edelsüßes Paprikapulver*

Die Wirsingkohlblätter in kochendem Salzwasser etwa 4 Minuten blanchieren; herausnehmen, abtropfen und abkühlen lassen. Die Brötchen in etwas Wasser einweichen, ausdrücken und mit dem Hackfleisch gut verkneten. Die Zwiebeln schälen, klein hacken und zusammen mit den Eiern unter das Fleisch mengen. Mit Salz, Pfeffer, Muskat und Paprika würzen. Alles gut vermischen. Das Fleisch auf den Wirsingblättern verteilen, diese zusammenrollen und mit Holzstäbchen feststecken. In einer Kasserolle das Kokosfett erhitzen, darin die Rouladen von allen Seiten kräftig anbraten, mit der Fleischbrühe ablöschen und etwa 20 Minuten bei mittlerer Hitze garen lassen. Die Rouladen herausnehmen und warm stellen. Den Bratenfond einkochen lassen, den Kümmel dazugeben, mit der Sahne ablöschen und mit Tomatenmark, Pfeffer, Salz und Paprika abschmecken. Die Wirsingrouladen auf vorgewärmten Tellern anrichten. Die Sauce separat dazu servieren.

Tipp: Flachen Sie die dickeren Mittelrippen der Wirsingblätter nach dem Blanchieren mit einem scharfen Messer ab, dann lassen sich die Rouladen besser aufrollen.

Variation: Sie können die Sauce auch mit 250 ml Wasser und 1 Päckchen Bratensaucenpulver (für 250 ml Sauce) herstellen.

Gefüllter Wirsing

1 kg Wirsingkohlkopf · 6 EL Butterschmalz · 500 g gemischtes Hackfleisch ·
Salz · Pfeffer aus der Mühle · 1 EL Kümmel · 1 Knoblauchzehe · 2 Eier ·
½ l Fleischbrühe (Instant)

Mit einem Löffel oder einem kleinen Messer den Wirsingkopf aushöhlen. Die herausgenommenen Blätter ziemlich grob hacken. Etwa 3 EL Butterschmalz erhitzen und darin das Hackfleisch anbraten. Mit Salz, Pfeffer und Kümmel würzen. Den Knoblauch schälen und durch die Presse zum Fleisch drücken. Die Eier unterziehen und die Füllung in den Wirsing geben. Das restliche Butterschmalz erhitzen, darin den Wirsingkopf etwa 2 Minuten anbraten, mit der Fleischbrühe ablöschen und im geschlossenen Topf etwa 15 Minuten garen lassen.

Tipp: Als Beilage bieten sich Stampfkartoffeln oder Kartoffelpüree an. Der gefüllte Wirsing schmeckt übrigens auch kalt sehr gut; Sie sollten ihn dann in Scheiben geschnitten servieren.

Gefüllte Wirsingpäckchen

*100 g Weizenkörner (aus dem Reformhaus) · 8 große Wirsingblätter ·
1 Knoblauchzehe, fein gehackt · 1 Zwiebel, gewürfelt · 50 g Rosinen ·
½ TL Chilipulver · 1 gehäufter EL Tomatenmark · 1 Eigelb ·
300 g Schweinehackfleisch · 100 g Tilsiterkäse · 4 EL Butterschmalz zum Anbraten · 200 g saure Sahne · 3–4 Tomaten*

Die Weizenkörner über Nacht mit reichlich kaltem Wasser bedecken. Im Ein-
weichwasser 40 Minuten kochen und abtropfen lassen. Die Wirsingblätter in
kochendem Wasser kurz blanchieren, kalt abschrecken und abtropfen lassen. Die
Rippen der Blätter mit einem kleinen Messer abflachen. Für die Füllung Weizen-
körner, gehackten Knoblauch, gewürfelte Zwiebel, Rosinen, Chili, Tomatenmark,
Eigelb und Hackfleisch zu einem pikanten Fleischteig verarbeiten. Den Käse in
der Küchenmaschine zerkleinern und unterheben. Die Wirsingblätter mit den
Rippen nach unten flach auslegen. Die Füllung in die Mitte der Blätter geben, die
Blätter darüber zusammenschlagen und mit Hölzchen oder Küchengarn festhalten.
Die Päckchen in einem Schmortopf in heißem Butterschmalz kräftig anbraten.
Die Tomaten in kochendem Wasser kurz blanchieren, kalt abschrecken, häuten,
die Kerne herausdrücken, das Fruchtfleisch grob hacken und in den Topf zu den
Wirsingtaschen geben. Die saure Sahne darüber gießen und die Wirsingpäckchen
bei mittlerer Hitzezufuhr etwa 30 bis 40 Minuten schmoren.

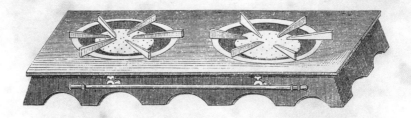

Auberginen mit Hackfleischfüllung

4 kleinere Auberginen · Salz · etwas Curry nach Belieben ·
250 g Schweinehackfleisch · 1 Zwiebel · 2 EL Butter · 2 EL Petersilie,
gehackt · 1 Ei · Salz · Pfeffer aus der Mühle · etwas Curry nach Belieben ·
3 EL Butter oder Öl · 4–6 EL Schmand · etwas Tomatenmark ·
evtl. 1 TL Mehl · Zum Anrichten: *geriebener Käse*

Die Auberginen waschen, schälen, der Länge nach halbieren und etwas Fruchtmark
ausschaben. Für die Füllung das Schweinehackfleisch mit in Butter angedünsteten
Zwiebeln, Petersilie, Ei sowie etwas Fruchtmark der Auberginen gut mischen und
pikant mit Salz und Pfeffer abschmecken. Die Früchte leicht salzen, nach Belieben
mit etwas Curry bestäuben, mit der Hackfleischmasse füllen, beide Hälften aufeinander legen und zusammenbinden oder die Hälften bergartig füllen und einzeln
garen. Die gefüllten Früchte in einer mit Butter eingefetteten Auflaufform dünsten,
nach Bedarf etwa ¼ Liter Wasser dazugeben und etwa 15 Minuten vor Ende der
Garzeit Schmand und Tomatenmark hinzufügen; den Schmand etwas anbräunen
lassen und den geriebenen Käse darüber streuen. Die Auberginen im Backofen
30 bis 40 Minuten lichtgelb überkrusten lassen. Die Sauce abschmecken und falls
erwünscht leicht mit Mehl binden. Die Auberginen in der Sauce anrichten und
am besten in der Auflaufform servieren.

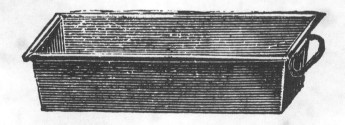

Zucchini mit Hackfleischfüllung

4 Zucchini (ca. 1,5 kg) · Salz · 2 Zwiebeln · 3 EL Olivenöl ·
250 g Rinderhackfleisch · 2 Tomaten · 1 Bund Basilikum · 1 Ei · 5 EL Käse,
gerieben · Pfeffer aus der Mühle · Olivenöl für die Form · 4 EL Ketchup ·
8 EL süße Sahne · Tabasco zum Würzen

Die Zucchini waschen, putzen und der Länge nach halbieren. In kochendem Salzwasser etwa 10 Minuten blanchieren, herausnehmen und mit einem Löffel aushöhlen. Das Fruchtfleisch würfeln und in eine Schüssel geben. Die Zwiebeln schälen und klein hacken. Das Olivenöl in einer Pfanne erhitzen und darin die Zwiebeln anbraten; das Hackfleisch dazugeben und etwa 5 Minuten garen. Die Tomaten kreuzweise einritzen, kurz in kochendes Wasser halten, enthäuten, Stielansätze entfernen, das Fruchtfleisch klein schneiden und zum Fleisch in die Pfanne geben. Die Zucchiniwürfel ebenfalls hinzufügen. Das Basilikum waschen, trockentupfen, die Blättchen von den Stielen zupfen und klein hacken. Das Ei mit dem geriebenen Käse verquirlen, mit Salz und Pfeffer würzen, zusammen mit dem Basilikum in die Pfanne geben und unter die Fleisch-Zucchini-Masse mischen. Die Zucchinihälften mit der Fleischfarce füllen und in eine eingefettete Auflaufform legen. Ketchup mit der Sahne mischen und mit einem Spritzer Tabasco würzen. Die Sauce über die gefüllten Zucchini gießen und diese im vorgeheizten Backofen bei 200 °C etwa 20 Minuten überbacken.

Variation: Statt mit Tomatenwürfeln können Sie die Füllung auch mit fein gewürfelter roter Paprikaschote oder mit Maiskörnern (150 g; aus der Dose) zubereiten.

Champignondoppeldecker

Für 8 Personen

*180 g Butter · 7 EL mittelscharfer Senf · Pfeffer aus der Mühle ·
Salz · 1 rote Paprikaschote · 1 Zwiebel · 1 Knoblauchzehe ·
120 g Gurke · 16 sehr große Champignons · 400 g Lammhackfleisch · 1 Ei · Butter für die Alufolie*

Die Butter mit 6 EL Senf sowie Pfeffer und Salz verrühren. Die Paprikaschote
putzen, waschen und in feine Würfel schneiden; die Zwiebel schälen und sehr fein
würfeln. Die Knoblauchzehe schälen und durch die Presse drücken. Die Gurke
waschen und in feine Würfel schneiden. Die Champignons putzen, vorsichtig waschen, trockentupfen und die Stiele herausdrehen (diese anderweitig verwenden).
Das Lammhackfleisch zusammen mit 4 EL Mineralwasser, Ei, restlichem Senf,
Knoblauch, Zwiebel, Gurke und Paprika sowie etwas Salz und Pfeffer zu einem
Teig verkneten. Daraus acht Bällchen formen und acht Champignonköpfe damit
füllen. Die restlichen Pilzköpfe als Deckel auf die Hackmasse drücken. Die Pilzdoppeldecker auf acht gebutterte Alufolieblätter setzen, verschließen und von jeder
Seite etwa 10 Minuten im Backofen grillen. Zum Schluss die Senfbutter über die
heißen Pilzdoppeldecker geben.

Tipp: Die Doppeldecker sind eine originelle Idee für das Grillfest! Dazu
passt knackig-frischer Salat und knuspriges Baguette.Die Champignonstiele
können Sie übrigens prima für eine Suppe oder Sauce verwenden; ganz fein
gehackt eignen sich Pilzreste auch für Füllungen.

Gefüllte Weinblätter

*1 Dose Weinblätter · 75 g Reis · 2 Zwiebeln · 250 g Kalbs- oder Lamm-
hackfleisch · 1 TL getrocknete Minze · je 1 TL Dill und Petersilie, gehackt ·
¼ l Fleischbrühe (Instant) · Saft von 1 Zitrone · 1 Prise Zimt ·
schwarzer Pfeffer aus der Mühle · 2 EL Öl*

Etwa 20 Weinblätter aufrollen, kalt abspülen und auf ein Küchentuch legen. Den
Reis in leicht gesalzenem Wasser etwa 15 Minuten körnig kochen und abgießen.
Die Zwiebeln schälen und würfeln. Das Hackfleisch mit Reis, Zwiebeln, Kräutern,
Salz und Pfeffer gut vermischen; 1 EL Öl unterkneten. In die Mitte eines jeden
Weinblattes 1 TL von der Farce geben. Blätter von unten her bis zur Mitte zusam-
menrollen, die Seiten einschlagen und fest zu einer Rolle drehen. Die Fleischbrühe
mit restlichem Öl, Zitronensaft, Zimt und Pfeffer in einem flachen Topf erhitzen,
Weinblattröllchen dicht nebeneinander hineinlegen und bei milder Hitze etwa
30 Minuten zugedeckt dünsten.

Tipp: Die gefüllten Weinblätter warm oder kalt mit Zitronensauce servieren.
Dafür den Saft von 2 Zitronen mit 6 EL Öl, 1 TL Senf, Salz, 2 EL Fleischbrühe (Instant), je 1 EL gehackter Petersilie und Dill sowie 1 TL Minze gut
verrühren.

Blätterteigtäschchen

*450 g Tiefkühl-Blätterteig · 1 Möhre · 1 Zwiebel ·
100 g Schafskäse · 500 g gemischtes Hackfleisch · 1 TL Salz · ½ TL Paprikapulver · ½ TL Pfeffer aus der Mühle · 4 EL Worchestershiresauce ·
1 EL gemischte Kräuter, gehackt · 2 Eier · 1 EL Paniermehl*

Die Blätterteigscheiben nebeneinander legen und auftauen lassen. Die Möhre putzen, waschen und schälen. Die Zwiebel schälen und in Würfel schneiden. Den
Schafskäse würfeln. Das Hackfleisch mit Salz, Paprika, Pfeffer, Worchestershiresauce,
Kräutern, 1 Ei und Paniermehl gut verkneten. Die Möhren-, Zwiebel- und Käsewürfel unter die Hackfleischmasse mischen und diese auf den Blätterteigscheiben
verteilen; die Ecken in der Mitte zusammendrücken. Das restliche Ei verquirlen, die
Blätterteigtäschchen damit bestreichen, auf ein mit Backpapier ausgelegtes Backblech legen und im vorgeheizten Backofen bei 175 °C etwa 35 Minuten backen.

Teigtaschen mit Lammhackfüllung

Für den Nudelteig: *300 g Mehl · 3 Eier · ½ TL Salz ·
2 EL Olivenöl ·* Für die Füllung: *300 g mageres Lammhackfleisch ·
1 EL Olivenöl · 1 Zwiebel, gehackt · 1 Bund Petersilie, gehackt ·
40 g schwarze Oliven, gehackt · 2 Eier · 150 g Schafskäse · Salz ·
weißer Pfeffer aus der Mühle · Muskatnuss, gerieben · Chilipulver
nach Belieben ·* Außerdem: *100 g Butter · 8 Salbeiblätter*

Einen Nudelteig aus Mehl, Salz, Eiern und Öl kneten; sollte der Teig zu fest werden, nach und nach etwas Wasser darunter kneten. Den Teig in Folie gewickelt
1 Stunde bei Zimmertemperatur ruhen lassen. In der Zwischenzeit das Lammhackfleisch in heißem Öl unter Rühren kräftig anbraten, die Zwiebel dazugeben,
5 Minuten mitgaren, die gehackte Petersilie unterrühren und alles abkühlen lassen.
Gehackte Oliven, Eier und zerbröselten Schafskäse gut darunter mischen und
würzen. Den Nudelteig auf einer mit Mehl bestäubten Arbeitsfläche sehr dünn
ausrollen und Scheiben von 8 cm Durchmesser ausstechen. Auf die Mitte jeder
Teigplatte 1 TL Füllung geben, den Rand mit verquirltem Eiweiß bestreichen, die
Teigplatten zur Hälfte zusammenklappen und den Rand mit einer Gabel gut ausdrücken. Die Teigtaschen in kochendem Salzwasser etwa 7 Minuten garen. In der
Zwischenzeit die Butter erhitzen und die in Stücke geschnittenen Salbeiblätter
hineingeben. Die Teigtaschen gut abtropfen lassen, in vorgewärmten Tellern sofort
mit Salbeibutter servieren.

Variation: Die Teigtaschen können Sie auch mit anderen Hackfleischmassen
füllen. Probieren Sie mal eine Füllung aus Spinat und Kalbshack (ohne Oliven
und Schafkäse). Statt Salbeibutter bitte Petersilienbutter dazu servieren.

Ravioli mit Fleischfüllung

Für den Nudelteig: 300 g Mehl · Salz · 2 Eier · etwas Mehl zum Ausrollen · Für die Füllung: 250 g gemischtes Hackfleisch · 50–100 g Schinken oder durchwachsener Speck · 1 Ei · Salz · ½ Knoblauchzehe, durchgepresst · 1 Zwiebel · 3 EL Butter zum Andünsten · 2 El Petersilie, fein gehackt · Außerdem: 1 Eiweiß zum Bestreichen · etwas flüssige Butter · 5 EL Hartkäse, gerieben

Das Mehl auf eine Arbeitsfläche sieben, in die Mitte eine Mulde drücken, Salz, Eier sowie etwa 2 bis 4 EL kaltes Wasser hineingeben und die Zutaten von der Mitte zum Rand hin zu einem glatten Teig verarbeiten: Das Mehl am Rand mit den Händen so lange unterkneten, bis der Teig warm und geschmeidig ist und sich gut formen lässt (beim Durchschneiden sollte er eine wellige Struktur aufweisen). Den Teig in zwei bis drei Portionen teilen und die Teigstücke nacheinander auf einer leicht mit Mehl bestäubten Arbeitsfläche zu dünnen Fladen ausrollen. Die Teigfladen auf bemehlte Geschirrtücher geben und an der Luft leicht antrocknen lassen (der Teig darf nicht brüchig werden). Für die Füllung aus Hackfleisch, Schinken oder Speck und Ei einen Fleischteig herstellen; mit Salz und Knoblauch würzen. Die Zwiebel schälen und fein hacken. Die Butter erhitzen, darin die Zwiebel leicht bräunen und zusammen mit der gehackten Petersilie unter das Fleisch mengen. Die Teigfladen dünn zu Quadraten oder Rechtecken auswellen und jeweils die halbe Teigfläche mit Eiweiß bestreichen. Darauf im Abstand von etwa 4 cm mit einem Teelöffel etwas von der Füllung setzen, die andere Teighälfte darüber schlagen und um die Fülle herum gut andrücken. Kleine Vierecke ausradeln, etwas trocknen lassen und in kochendem Salzwasser bei geringer Hitze etwa 10 Minuten leise ziehen lassen; herausnehmen, sehr gut abtropfen lassen und auf einer heißen Servierplatte anrichten. Etwas Butter zerlassen, über die Ravioli geben und geriebenen Käse dick darüber streuen.

Nudeltäschchen mit Chilihack

*1 Zwiebel, fein geschnitten · 4 EL Butterschmalz · 400 g Rinderhackfleisch ·
Salz · Pfeffer aus der Mühle · ½ TL Chilipulver · ½ TL Oregano ·
12–16 Lasagneblätter (Fertigprodukt) · ½ l Gemüsebrühe (Instant)*

Die Zwiebel in Butterschmalz anbraten. Das Hackfleisch mit Salz, Pfeffer, Chilipulver
und Oregano würzen, zur Zwiebel in die Pfanne geben und 3 Minuten bei scharfer
Hitze braten. Inzwischen die Lasagneblätter nach Packungsanweisung in kochendem Salzwasser garen, herausnehmen und auf Küchenpapier abtropfen lassen. Das
pikant gewürzte Hackfleisch auf die Lasagneblätter in Häufchen setzen und diese
wie kleine Täschchen oben zubinden. In eine flache Kasserolle die Gemüsebrühe
einfüllen. Ein Sieb oder den Einsatz aus dem Dampfkochtopf so einsetzen, dass er
nicht in die Gemüsebrühe eintaucht. Die Nudeltäschchen auf den Einsatz legen
und zugedeckt bei schwacher Hitze etwa 10 Minuten dämpfen.

Pfannkuchen mit Hackfleischfüllung

*4 Eier · 300 ml Milch · Salz · 160 g Mehl · 2 EL Speiseöl ·
1 Möhre · 300 g Schweinehackfleisch · 150 g Würz- und Rouladentraum
(Fertigprodukt, z. B. von Löwensenf)*

Eier, Milch, Salz und Mehl zu einem Pfannkuchenteig verrühren, in erhitztem Öl
nacheinander vier Pfannkuchen ausbacken und warm stellen. Die Möhre schälen,
waschen und in feine Stifte schneiden. Das Hackfleisch, den Würz- und Rouladen-

traum sowie die Möhre und etwas Salz verkneten, auf den Pfannkuchen verteilen und glatt streichen. Die Pfannkuchen aufrollen, diagonal in etwa 2 cm dicke Scheiben schneiden, eventuell mit Holzspießchen feststecken und in dem verbliebenen Bratfett von beiden Seiten etwa 5 bis 10 Minuten goldbraun braten.

Gefüllte Kartoffelrolle

*1 kg mehlig kochende Kartoffeln · 2 EL Butter · 2–3 Eigelb · 1 TL Salz ·
1 Msp. Muskatnuss, gerieben · 2–3 EL Kartoffelmehl · ½ trockenes Brötchen ·
300 g gemischtes Hackfleisch · 2 Schalotten · 1 Ei · Salz · Pfeffer aus der
Mühle · edelsüßes Paprikapulver · 1 TL mittelscharfer Senf · 2 EL Petersilie,
gehackt · Mehl zum Ausrollen · Pflanzenfett zum Braten*

Die Kartoffeln in der Schale garen, so heiß wie möglich schälen und durch eine Kartoffelpresse drücken. Butter, Eigelbe, Salz und Muskat zur heißen Kartoffelmasse geben und mit dem Kartoffelstampfer unterarbeiten. Das Kartoffelmehl mit den Händen (Vorsicht heiß!) gründlich unterkneten. Die Brötchenhälfte in warmem Wasser einweichen, gut ausdrücken und zum Hackfleisch geben. Die Schalotten schälen, fein würfeln und zusammen mit Salz, Gewürzen sowie Petersilie hinzufügen und alles zu einem glatten Teig verarbeiten. Den Kartoffelteig auf starker Alufolie oder auf Backpapier mit einem bemehlten Nudelholz ½ cm dick rechteckig ausrollen und den Hackfleischteig darauf verteilen. Eine Teigkante auf der Schmalseite knapp einschlagen und den Kartoffelteig mit Hilfe der Alufolie bzw. des Backpapiers aufrollen. Den Teigschluss oben fest andrücken und die Teigrolle in 1½ cm dicke Scheiben schneiden. Etwas Fett in einer beschichteten Pfanne erhitzen und die Teigscheiben darin nacheinander von beiden Seiten goldgelb und knusprig braten.

Kartoffelbällchen mit Lammhackfüllung

175 g Bulgur (aus dem Naturkostladen) · 400 g mehlig kochende
Kartoffeln ohne Schale, gewürfelt · 2 kleine frische Eier · 2 EL zerlassene
Butter · 1 Prise Kreuzkümmelpulver · 1 Prise Korianderpulver · 1 Prise
Muskatnuss, gerieben · Salz · Pfeffer aus der Mühle · Öl zum Frittieren ·
Für die Füllung: 200 g Lammfhackfleisch · 1 kleine Zwiebel, gehackt ·
1 EL Pinienkerne · 1 EL Dörraprikosen, gehackt · 1 Prise Muskatnuss,
gerieben · 1 Prise Zimt · 1 EL Koriander, gehackt · 2 EL Lammbrühe

Den Bulgur in eine Schüssel geben und mit kochendem Wasser bedecken. 30 Minuten einweichen, bis das Wasser aufgesogen und der geschrotete Weizen aufgequollen ist. Inzwischen die Kartoffeln in kochendem Wasser 10 Minuten garen, bis sie durch sind, abgießen und zu Brei stampfen. Den Bulgur zusammen mit Eiern, Butter, Kreuzkümmel- und Korianderpulver sowie Muskat zum Kartoffelbrei geben. Kräftig mit Salz und Pfeffer würzen. Für die Füllung das Lammhackfleisch 5 Minuten ohne Fett braten, die Zwiebel hinzugeben und weitere 2 bis 3 Minuten braten. Die übrigen Zutaten für die Füllung hinzufügen, etwa 5 Minuten braten, bis die Lammbrühe aufgesogen ist. Leicht abkühlen lassen und in acht Portionen teilen. Jede Portion zu einer Kugel formen. Die Kartoffelmischung in acht Portionen teilen und zu Fladen formen. Etwas Füllung in die Mitte jedes Fladens geben. Diesen dann so zu einer Kugel formen, dass er die Füllung völlig umschließt. Das Öl in einer großen Pfanne oder in einer Fritteuse auf 180 bis 190 °C oder so lange erhitzen, bis ein Brotwürfel in 30 Sekunden braun wird, und die Kugeln 5 bis 7 Minuten frittieren, bis sie goldbraun sind. Gut abtropfen lassen und sofort servieren.

Kartoffel-Fleisch-Päckchen

*250 g fest kochende Kartoffeln ohne Schale, fein gewürfelt ·
1 EL Pflanzenöl · 150 g Rinderhackfleisch · 1 Stange Lauch, klein
geschnitten · 1 kleine gelbe Paprikaschote, fein gewürfelt · 150 g Champignons,
in Scheiben · 1 EL Weizenmehl (Type 405) · 1 EL Tomatenmark ·
100 ml Rotwein · 100 ml Rinderbrühe (Instant) · 1 EL Rosmarin, gehackt ·
Salz · Pfeffer aus der Mühle · 4 Scheiben (200 g) aufgetaute halbierte
Tiefkühl-Blätterteigscheiben · 2 EL zerlassene Butter*

Die Kartoffelwürfel in kochendem Wasser 5 Minuten garen, abtropfen lassen und beiseite stellen. Inzwischen in einer Pfanne das Öl erhitzen und darin Hackfleisch, Lauch, Paprika sowie Pilze bei mäßiger Hitze 5 Minuten anbraten. Mehl sowie Tomatenmark einrühren und alles etwa 1 Minute anschwitzen. Den Rotwein und die Gemüsebrühe hinzufügen und das Ganze unter ständigem Rühren eindicken lassen. Rosmarin hinzufügen, mit Salz und Pfeffer gut abschmecken und etwas abkühlen lassen. Die Blätterteigscheiben halbieren. Auf einer leicht mit Mehl bestäubten Arbeitsfläche vier halbe Scheiben ausbreiten; jede mit etwas Butter bepinseln und jeweils eine zweite halbe Scheibe darauf legen. Die aufeinander gelegten Teigplatten jeweils zu einem Quadrat von 20 cm Seitenlänge ausrollen. Den Hackfleischteig darauf verteilen und die Füllung jeweils in der Mitte plazieren. Die Ecken und Seiten zu Päckchen falten (überprüfen, ob sie gut verschlossen sind; sie dürfen nicht aufplatzen). Die Päckchen auf ein Backblech legen und mit restlicher Butter bepinseln. Im Backofen bei 180 °C etwa 20 Minuten backen und heiß servieren.

Tipp: Die Teigtaschen können Sie auch mit anderen Hackfleischmassen füllen. Probieren Sie mal eine Füllung aus Spinat und Kalbshack (ohne Oliven und Schafkäse). Statt Salbeibutter dazu bitte Petersilienbutter servieren.

Mousselines mit Rotweinsauce

*375 g Puten- oder Hähnchenbrustfleisch (ohne Haut und Knochen) ·
1 Ei · 250 g süße Sahne · Streuwürze (Fertigprodukt) · Cayennepfeffer ·
etwas Margarine zum Einfetten · Für die Sauce: 1 Zwiebel ·
⅛ l Rotwein · 1 Pck. Instant-Bratensauce (Fertigprodukt)*

Das Geflügelfleisch durch die feine Scheibe des Fleischwolfes drehen. Das Hackfleisch mit dem Ei und der Hälfte der süßen Sahne verrühren, mit Streuwürze,
Cayennepfeffer und etwas Salz abschmecken. Vier hohe Förmchen oder Tassen
mit Margarine einfetten und die Geflügelfarce einfüllen. Einen flachen Topf 4 cm
hoch mit Wasser füllen, die Förmchen hineinstellen und den Topf auf der mittleren
Einschubleiste in den vorgeheizten Backofen schieben. Bei 200 °C die Mousselines
etwa 25 Minuten garen. Für die Sauce die Zwiebel schälen und würfeln. Die Zwiebelwürfel in der restlichen Sahne 5 Minuten kochen lassen, den Rotwein, ⅛ Liter
Wasser und das Saucenpulver dazugeben. Die Sauce einmal aufkochen lassen und
mit Salz und Pfeffer abschmecken. Die Mousselines auf eine vorgewärmte Platte
stürzen und mit der Sauce umgießen.

Tipp: Besonders appetitanregend sehen die Mousselines aus, wenn man sie
auf grünen Nudeln anrichtet.

Variation: Sie können das Rezept auch mit durchgedrehtem Wildfleisch
(Reh, Kaninchen, Hirsch) zubereiten. Dazu passen Pilzragout und Semmelknödel.

Feine Hasenterrine

Für 12–16 Scheiben

*1 Hasenrücken · ½ unbehandelte Zitrone · 3 Schalotten ·
8 Lorbeerblätter · 6 Wacholderbeeren · 1 TL schwarze Pfefferkörner · Salz ·
Pfeffer aus der Mühle · 3 EL Öl · ¼ l herber Rotwein · 750 g magere
Schweinekeule · 1 TL Pastetengewürz · je 2 Likörgläser Sherry und Weinbrand · 1 Ei · 2 EL geschälte Pistazien · 125 g hauchdünne Räucherspeck-
scheiben · 1 Zweig Thymian und Rosmarin*

Die Haut und Sehnenstränge vom Hasenrücken abtrennen und die Filets längs des
Rückgrats abschneiden. Die Zitronenschale dünn abschälen, Schalotten ebenfalls
schälen. Schale und Zwiebeln hacken, 5 Lorbeerblätter, Wacholder und Pfeffer
zerstoßen. Die Filets salzen, pfeffern, in erhitztem Öl ringsum 1 Minute braun
braten, Gewürze kurz mitbraten. Filets mit Gewürzen herausnehmen. Gehackte
Rückgratknochen im Bratfett anbraten, Wein zugießen und 30 Minuten einkochen
lassen; durchsieben und erkalten lassen. Das gewürfelte Keulenfleisch salzen, im
Fleischmixer zerkleinern. Hackfleisch, Pastetengewürz, Alkohol, Ei und Pistazien
mischen. Eine Terrinenform ganz mit Speckscheiben auskleiden, die Hälfte der
Farce einfüllen, die Filets darauf legen und mit Fond beträufeln. Die übrige Farce
hineinfüllen und die Oberfläche glatt streichen. Die Terrine mit Lorbeerblättern,
Thymian und Rosmarinzweigen belegen. Eine Fettpfanne mit Wasser füllen und die
zugedeckte Terrine im auf 180 °C vorgeheizten Backofen etwa 1 Stunde garen. Ist
die Terrine fertig, den Deckel abnehmen. Die Terrine etwa 12 Stunden mit Holzbrett und Gewicht (Konservendose) beschweren. Die Terrine ist im Kühlschrank
etwa 1 Woche haltbar.

Tipp: Wird die Oberfläche der Terrine mit flüssigem Schmalz überzogen, ist
sie 4 bis 6 Wochen haltbar.

Wildschweinterrine

750 g Fleisch aus der Wildschweinkeule (ohne Knochen) ·
250 g Schweineleber · 5 Wacholderbeeren · 1 Gläschen Wacholderschnaps ·
1 altbackenes Brötchen · 75 ml heiße Milch · 100 g durchwachsener Speck ·
3 Zwiebeln · Salz · Pfeffer aus der Mühle · 1 TL Majoran · ½ TL Thymian ·
20 Scheiben fetter Speck, hauchdünn geschnitten

Von der Wildschweinkeule die Sehnen und das Fett abschneiden. Das Fleisch und die Leber in große Stücke schneiden und in eine Schüssel geben. Die Wacholderbeeren und den Wacholderschnaps darüber geben und das Fleisch darin einige Stunden marinieren. Das Brötchen zerkleinern und in der heißen Milch einweichen. Den Speck und die geschälten Zwiebeln in Stücke schneiden und mit dem Fleisch durch den Fleischwolf drehen. Das ausgedrückte Brötchen dazugeben, alles mischen und mit Salz, Pfeffer und den Kräutern abschmecken. Eine Terrine oder Kastenform mit dem Speck so auslegen, dass er über den Rand hinausragt. Die Fleischfarce hineinfüllen und den Speck darüber klappen. Mit Alufolie abdecken. Die Fettpfanne des Backofens zu zwei Dritteln mit Wasser füllen, den Backofen auf 200 °C vorheizen und die Pastete darin 75 Minuten backen.

Tipp: Dazu reichen Sie Semmelknödel, Serviettenknödel, Pilzsauce und Salat. Oder einfach auch nur Kartoffelschnee und Mischgemüse!

Variation: Statt Wildschweinfleisch können Sie auch Hirschfleisch oder Rehfleisch nehmen.

Leberterrine

1 kg frische Geflügelleber · 2 Zwiebeln · 250 g frische Champignons ·
125 g Frühstücksspeck (Bacon) · je 1 TL Thymian, zerdrückte Pfeffer-
körner, Wacholderbeeren, Paprikapulver, Koriander · 100 g Weißbrot ·
2 Eier · 2 Bund Petersilie · 500 g Kalbsbrät · einige Kumquats
aus der Dose · Zum Garnieren: *Wacholderbeeren ·*
Lorbeerblätter · Thymian · 2 Kumquats

Die Leber säubern, waschen und trockentupfen. Die Zwiebeln schälen und fein
hacken, die Champignons putzen und in Scheiben schneiden. Den Frühstücksspeck rösch ausbraten, die Leber, die Zwiebeln und die Gewürze im Fett anbraten
und herausnehmen. Die Pilze in der Pfanne dünsten. Das Brot in etwas Wasser
einweichen, ausdrücken und mit den Eiern verrühren. Die Petersilie waschen, fein
hacken und mit dem Kalbsbrät unter das Brot mischen. Zuletzt die ausgekühlten
Pilze darunter geben. In eine Terrine nun lagenweise Brät, Kumquats und die Leber
schichten. Die Oberfläche mit Wacholderbeeren, Lorbeerblättern, Thymian und
den in Scheiben geschnittenen Kumquats verzieren. Die Terrine in eine mit Wasser
gefüllte Fettpfanne stellen und im Backofen bei 180 °C etwa 60 Minuten garen.

Wirsing-Hackfleisch-Pastete

*2 Zwiebeln · 2 EL Speiseöl · 400 g gemischtes Hackfleisch · Majoran ·
Salz · Pfeffer aus der Mühle · Muskatnuss, gerieben · edelsüßes Paprikapulver · 1 kleiner Wirsing · 200 g Schmelzkäse (z.B. von Hochland) ·
1 TL Zitronenschale, abgerieben · 300 g Blätterteigplatten
(Fertigprodukt) · Mehl zum Ausrollen · 1 Eigelb*

Die Zwiebeln schälen, fein würfeln und im Speiseöl glasig dünsten. Hackfleisch
und Majoran dazugeben und 5 Minuten braten. Mit Salz, Pfeffer, Muskat und
Paprikapulver würzen. Die Wirsingblätter waschen, putzen und in kochendem
Salzwasser 6 Minuten blanchieren, abgießen und abschrecken. Den Wirsing in
Streifen schneiden, mit dem Hackfleisch und Schmelzkäse mischen, die Zitronenschale dazugeben, abschmecken und etwas abkühlen lassen. Die Blätterteigplatten
aufeinander legen und mit etwas Mehl ausrollen. Zuerst eine Teigdecke für die
Auflaufform ausschneiden, mit dem restlichen Teig den Boden und den Rand
der Form auslegen. Die Wirsing-Hackfleisch-Mischung in die Form füllen. Die
Teigdecke auflegen, mehrmals mit einer Gabel einstechen und mit aus Teigresten
ausgestochenen Plätzchen belegen. Bei 200 °C etwa 30 Minuten im Backofen backen. Zum Schluss das Eigelb mit 1 EL Wasser verrühren und die Pastete damit
bestreichen; nochmals 10 Minuten backen.

Tante Käthes Wildpastete

Für den Teig: *250 g Mehl · 125 g Butter · ½ TL Salz ·*
2 Eier · Für die Füllung: 500 g mageres Wildfleisch · 200 g Schweine-
nacken · 100 g Rinderleber · 2 kleine Zwiebeln · 100 g geräucherter Speck ·
250 g frische Champignons · 10 g Butter · 2 EL Mehl · ⅛ l Fleischbrühe ·
4 EL süße Sahne · 1 Gläschen Weinbrand · 2 Eier · Salz · Pfeffer
aus der Mühle · je ½ TL Oregano und Ingwerpulver ·
Zum Bestreichen: *1 Eigelb · 2 EL Milch*

Das Mehl auf eine Arbeitsfläche sieben und in die Mitte eine Vertiefung drücken. Die Butter stückchenweise in die Vertiefung geben, Salz darüber streuen, die Eier darüber schlagen und 2 EL Wasser hinzufügen. Das Ganze mit den Händen etwas zusammenschieben und mit einem großen Brotmesser oder einer Palette so lange durchhacken, bis grobe Streusel entstehen Die Mischung mit kühlen Händen zu einem glatten Mürbeteig verkneten. Den Teig kalt stellen. Das Fleisch und die Leber klein schneiden und durch den Fleischwolf drehen. Die Zwiebel schälen, halbieren und ebenfalls durchdrehen. Den Speck in Würfel schneiden und zum Fleisch geben. Die Champignons putzen, waschen, fein würfeln und unter die Fleischmasse mischen. Das Mehl in der Butter goldgelb rösten, mit der Brühe, der Sahne und dem Weinbrand aufgießen und aufkochen lassen. Die Sauce mit den Eiern unter die Farce mengen und mit Salz, Pfeffer, dem Oregano und dem Ingwerpulver kräftig würzen. Zwei Drittel des Pastetenteigs ausrollen und eine gefettete Kastenform damit auskleiden. Die Fleischmasse einfüllen und glatt streichen. Den restlichen Teig ausrollen und als Deckel darauf legen, die Ränder gut andrücken. In den Deckel zwei Löcher stechen und mit Alufolie auskleiden. Das Eigelb mit der Milch verquirlen und den Deckel damit bestreichen. Aus den Teigresten Verzierungen ausschneiden, auf den Deckel legen und ebenfalls mit dem Eigelb bestreichen. Die Pastete im auf 180 °C vorgeheizten Backofen etwa 1 Stunde backen.

Wildpastete „Försterin"

Für den Teig: *Mürbeteig für Pasteten (siehe Rezept Tante Käthes
Wildpastete Seite 83)* · Für die Füllung: *500 g Reh- oder Hirschkeule ·
250 g durchwachsenes Schweinefleisch · je ½ TL Wacholderbeeren, Koriander
und schwarze Pfefferkörner · 4 Schalotten · abgeriebene Schale von
1 unbehandelten Zitrone · je ½ TL Rosenpaprika · Thymian · Salz ·
1 Gläschen Weinbrand · 200 g Bratwurstbrät · 3 EL Pistazienkerne ·
200 g dünne Speckscheiben · Madeiragelee (Fertigprodukt) ·*
Zum Bestreichen: *1 Eigelb · 2 EL Milch*

Den Mürbeteig nach Rezeptanweisung von Seite 83 herstellen und ruhen lassen.
Die Knochen aus dem Wildfleisch lösen und dieses zusammen mit dem Schweinefleisch in grobe Stücke schneiden. Die Gewürzkörner zerstoßen, die Schalotten
schälen und fein hacken. Die Fleischstücke mit den Gewürzen, der Schalotte, der
abgeriebenen Zitronenschale, dem Paprika, Thymian, Salz und Weinbrand über
Nacht marinieren. Die Hälfte des Fleisches durch den Fleischwolf drehen. Die Ma-
rinade durchsieben, zusammen mit dem Bratwurstbrät und den Pistazien dazugeben
und alles gut verkneten. Zwei Drittel des Mürbeteigs ausrollen und eine gefettete
Kastenform damit auslegen. Die Speckscheiben auf dem Boden verteilen, einige zum
Abdecken zurückbehalten. Die Fleischfarce und das Fleisch lagenweise einschichten,
sodass die letzte Lage aus Fleischfarce besteht. Mit den restlichen Speckscheiben
belegen. Den restlichen Teig ausrollen und als Deckel über den Teig legen. In den
Teigdeckel an zwei Stellen Löcher einschneiden und mit Alufolie auskleiden. Das
Eigelb mit der Milch verquirlen und den Teigdeckel damit bestreichen. Aus den
Teigresten Verzierungen schneiden, auf den Deckel legen und ebenfalls mit Eigelb
bestreichen. Die Pastete im auf 250 °C vorgeheizten Ofen etwa 10 Minuten backen,
danach die Temperatur auf 200 °C zurückstellen und noch weitere 35 Minuten
backen. Die ausgekühlte Pastete mit dem Madeiragelee ausgießen.

Fasanenpastete

*1 Fasan · 1 Gläschen Cognac · 100 g Kalbfleisch · 2 Schalotten · 2 Eier ·
je 50 g grüne mit Paprika gefüllte Oliven sowie schwarze Oliven · Salz ·
weißer Pfeffer aus der Mühle · 1 Msp. Thymian · Speckscheiben
zum Auslegen · Zum Garnieren: grüne und schwarze Oliven*

Das Fasanenfleisch völlig von den Knochen lösen, dabei das Bruststück ganz lassen.
Das Bruststück auf einen Teller legen und mit dem Cognac übergießen. Zugedeckt
ziehen lassen. Das restliche Fasanenfleisch, das klein geschnittene Kalbfleisch und
die geputzten Schalotten durch die feine Scheibe des Fleischwolfs drehen. Die
Eier zu der Fleischmasse geben. Die schwarzen Oliven entkernen und zusammen
mit den grünen Oliven hacken. Ebenfalls zum Fleisch geben. Die Fleischfarce mit
Salz, Pfeffer und Thymian würzen. Eine Pastetenform mit den dünn geschnittenen
Speckscheiben völlig auskleiden. Die Hälfte der Fleischmasse hineinfüllen. Die
Fasanenbrust in schräge Stücke schneiden und darauf legen. Mit der restlichen
Fleischmasse zudecken. Obendrauf wieder Speckscheiben legen. Die Pastete 60 bis
70 Minuten im Backofen bei 175 °C im Wasserbad garen; sie ist fertig, wenn der
nach oben steigende Saft völlig klar ist. Die Pastete mit einem passenden Holzbrett
beschweren und 24 Stunden völlig auskühlen lassen. Zum Schluss mit den Oliven
garnieren.

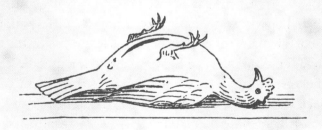

Feine Rehpastete

Für den Teig: *Mürbeteig für Pasteten (siehe Rezept Tante Käthes
Wildpastete Seite 83)* · Für die Füllung: *750 g ausgelöstes Rehfleisch
aus Keule oder Blatt · 200 g fettes Schweinefleisch · 100 g Rinderleber ·
1 mittlere Zwiebel · 1 EL Petersilie, gehackt · 1 kleines Brötchen · 1 Ei ·
1 cl Weinbrand · 1½ TL Salz · Pfeffer aus der Mühle · ½ TL Oregano ·
1 Msp. Pastetengewürz (Fertigprodukt) · 100 g geräucherter Speck ·
125 g frische Champignons · 1 Kalbsfilet · ½ TL Salz · 1 TL Paprikapulver ·
1 EL Butter · Madeiragelee (Fertigprodukt) · Zum Bestreichen: 1 Eigelb*

Den Mürbeteig nach Rezeptanweisung von Seite 83 zubereiten und kühl stellen.
Das Reh- und Schweinefleisch, die Leber, die geschälte Zwiebel und die Petersilie
durch den Fleischwolf drehen. Das Brötchen in etwas Wasser einweichen, ausdrücken und ebenfalls durch den Fleischwolf drehen. Diese Zutaten mit dem Ei
und dem Weinbrand in eine Schüssel geben. Salz, Pfeffer und Gewürze dazugeben.
Den Speck in sehr kleine Würfel schneiden. Die Champignons putzen, waschen
und klein schneiden. Speck und Champignons zu den übrigen Zutaten geben und
alles gut durcharbeiten. Das Kalbsfilet mit dem Salz und dem Paprika würzen und
in der zerlassenen Butter ringsum anbraten. Zwei Drittel des Teigs etwa ½ cm dick
ausrollen und eine gefettete Kastenform damit auskleiden; dabei darauf achten, dass
kein Loch im Teig ist. Den Teigrand etwa 1 cm überstehen lassen. Die Hälfte der
Fleischmasse in die Form füllen, das Schweinefilet hineinlegen und den Rest der
Farce darüber geben. Die Masse gut andrücken, damit keine Hohlräume entstehen.
Den überstehenden Teig nach innen drücken. Das letzte Teigdrittel ebenfalls ½ cm
dick ausrollen. Den Teigrand mit dem Eigelb bestreichen und die Teigplatte darauf
legen. Fest andrücken und den überstehenden Teig mit einem scharfen Messer
abschneiden. Mit einem Ausstecher oder einem spitzen Messer zwei Löcher in den
Deckel stechen. In die beiden Löcher an der Teigoberfläche aus zusammengerollter

Alufolie „Kamine" einstecken (damit während des Backens Dampf entweichen kann). Aus dem restlichen Teig Dekorationen ausschneiden und die Pastete damit verzieren. Die gesamte Oberfläche mit dem verquirlten Eigelb bestreichen. Die Pastete im auf 200 °C vorgeheizten Ofen 75 Minuten backen. Nach dem Auskühlen die Hohlräume zwischen Füllung und Teig mit Madeiragelee ausfüllen.

Englische Schweinefleischpastete

Für den Teig: Mürbeteig für Pasteten (siehe Rezept Tante Käthes Wildpastete Seite 83) · Für die Füllung: *1 kg Schweineschulter · 2 große Zwiebeln · Salz · Pfeffer aus der Mühle · Oregano · 4 kleine säuerliche Äpfel · 4 EL Weißwein ·* Zum Bestreichen: *1 Eigelb · 2 EL Wasser*

Den Mürbeteig nach Rezeptanweisung von Seite 83 herstellen und 30 Minuten im Kühlschrank ruhen lassen. Das Schweinefleisch in grobe Stücke schneiden und durch den Fleischwolf drehen. Die Zwiebeln schälen und fein hacken. Das Schweinefleisch mit den Zwiebeln mischen und mit Salz, Pfeffer und Oregano abschmecken. Die Äpfel schälen, in Viertel schneiden, entkernen und in Spalten teilen. Mit dem Wein beträufeln. Eine gefettete Kastenform mit zwei Dritteln des Teigs auskleiden. Zunächst eine Schicht der Fleischfarce hineingeben, darauf Apfelspalten legen und dann wieder Fleisch darauf geben usw., bis alles aufgebraucht ist; die letzte Lage muss aus Fleisch bestehen. Den restlichen Teig zu einem Deckel ausrollen und auf das Fleisch legen. Die Ränder gut andrücken. In die Teigdecke an beiden Enden je einen „Kamin" stechen und mit Alufolie auskleiden. Das Eigelb mit dem Wasser verquirlen und den Deckel bestreichen. Aus den Teigresten Verzierungen schneiden und den Deckel damit garnieren. Ebenfalls mit dem Eigelb bestreichen. Im auf 180 °C vorgeheizten Backofen etwa 75 Minuten backen.

Jubiläumspastete

Für den Teig: *Mürbeteig für Pasteten (siehe Rezept Tante
Käthes Wildpastete Seite 83)* · Außerdem: *Fett fürs Backblech* ·
Für die Füllung: *5 EL Butter oder Margarine · 2 Zwiebeln ·
1 Bund Petersilie · 125 g frische Champignons · 500 g Beefsteakhack ·
150 g gekochter Schinken · 150 g Pökelzunge · ½ Brötchen · etwas Milch ·
1 cl Weinbrand · 2 EL Pistazienkerne · 1 Ei · Salz · 1 TL grüner Pfeffer ·
Majoran · etwas abgeriebene Zitronenschale · etwas Eiweiß ·*
Zum Bestreichen: *1 Eigelb*

Einen Mürbeteig nach Rezeptanweisung von Seite 83 herstellen und etwa 1 Stunde
im Kühlschrank ruhen lassen. Das Fett in einer großen Pfanne erhitzen. Inzwischen
die Zwiebeln schälen und fein hacken. Die Zwiebeln im Fett anbraten. Die Petersilie waschen, trockenschütteln und hacken. Die Champignons putzen und klein
schneiden. Beides zu den Zwiebeln geben. Sobald die Champignons etwas angebraten sind, das Beefsteakhack dazugeben. Unter ständigem Rühren etwa 10 Minuten
braten, bis alle Flüssigkeit verdampft ist. Diese Mischung in eine Schüssel geben
und auskühlen lassen. Den Schinken und die Pökelzunge in Streifen schneiden
und dazugeben. Das Brötchen in der Milch einweichen, ausdrücken und ebenfalls
dazugeben. Den Weinbrand, die Pistazien und das Ei unterrühren. Mit Salz, Pfeffer,
Majoran und abgeriebener Zitronenschale würzen. Den Teig auf einer bemehlten
Fläche zu einem Rechteck ausrollen. Auf eine Hälfte die Fleischfarce füllen, dabei
einen Rand stehen lassen. Die zweite Teighälfte darüber klappen und die Ränder
gut zusammendrücken. Aus den Teigresten Verzierungen schneiden und diese mit
etwas Eiweiß auf die Pastete kleben. Das Eigelb verquirlen und die Pastete damit
bestreichen. Die Pastete oben mehrmals mit einer Gabel einstechen. Auf einem
gefetteten Backblech im auf 200°C vorgeheizten Backofen 40 bis 50 Minuten
backen.

Schinkenpastete

Für den Teig: Mürbeteig für Pasteten (siehe Rezept Tante Käthes
Wildpastete Seite 83) · Für die Füllung: *200 g grüner Speck ·*
400 g mageres Schweinefleisch · 2 Eier · Salz · Pfeffer aus der Mühle ·
edelsüßes Paprikapulver · 1 cl Madeira · 2 Brötchen · 1 große Zwiebel ·
1 EL Petersilie, gehackt · 2 EL Butter · 200 g gekochter Schinken in Scheiben ·
Madeiragelee (Fertigprodukt) · Zum Bestreichen: *1 Eigelb · 2 EL Milch*

Den Mürbeteig nach Rezeptanweisung von Seite 83 herstellen und ruhen lassen.
Den Speck und das Schweinefleisch in grobe Stücke schneiden und durch den
Fleischwolf drehen. Die Eier untermischen und mit Salz, Pfeffer und Paprikapulver
abschmecken. Den Madeira zum Schluss unter die Fleischmasse rühren. Die Brötchen in etwas heißem Wasser einweichen. Die Zwiebel schälen, fein hacken und
mit dem ausgedrückten Brötchen in der Butter anbraten. Diese Mischung unter
die Fleischmasse rühren. Zwei Drittel des Mürbeteigs auf einer bemehlten Arbeitsfläche ausrollen und eine gefettete Pastetenform damit auskleiden. Zunächst eine
Schicht der Fleischmasse auf dem Boden glatt streichen und darauf etwa 2 Scheiben gekochten Schinken legen. Auf den Schinken wiederum eine Schicht Fleisch
streichen und so weiterarbeiten, bis alles verbraucht ist. Die letzte Schicht muss aus
Fleisch bestehen. Den restlichen Teig ausrollen und als Deckel obendrauf legen. In
die Mitte des Deckels ein Dampfloch schneiden und dieses mit Alufolie auskleiden. Das Eigelb mit der Milch verquirlen und die Pastete damit bestreichen. Aus
den restlichen Teigstücken Verzierungen schneiden und die Pastete damit belegen.
Ebenfalls mit Eigelb bestreichen. Die Pastete im auf 180 °C vorgeheizten Backofen
etwa 1 Stunde backen. Die Pastete auskühlen lassen und dann mit Madeiragelee
ausgießen und mindestens 1 Tag ziehen lassen.

Hackfleischpastete

*Für den Teig: 300 g Tiefkühl-Blätterteig · Für die Füllung: 1 Zwiebel ·
1 EL Öl oder Bratfett · 500 g Rinderhackfleisch · Salz · Pfeffer aus der
Mühle · 1 TL Senf · 1 EL Tomatenketchup · ½ Bund Petersilie ·
5 Käsescheiben für Toast · Zum Bestreichen: 1 Ei*

Den Blätterteig auftauen lassen. Eine Springform (22 cm Ø) oder eine feuerfeste flache Form mit kaltem Wasser ausspülen. Zwei Drittel des Teigs in der Größe der Form ausrollen, in die Form legen und einen 3 cm hohen Rand andrücken. Die Zwiebel schälen und hacken. Das Fett in einer Pfanne auslassen und das Hackfleisch mit der Zwiebel darin gut durchbraten. Mit Salz, Pfeffer, dem Senf und dem Tomatenketchup würzen. Das Fleisch in die Form füllen. Die Käsescheiben darauf verteilen. Aus dem restlichen Teig eine dünne Decke ausrollen und diese über den Käse legen. Den Rand leicht andrücken und die Mitte der Teigdecke über Kreuz einschneiden. Mit dem verquirlten Ei bestreichen. Im auf 200 °C vorgeheizten Backofen 40 bis 50 Minuten backen.

Gemischte Fleischpastete

Für den Teig: *600 g Tiefkühl-Blätterteig* · Für die Füllung:
*200 g Schweinefleisch · 200 g Kalbfleisch · 200 g gebratenes Hühnerfleisch ·
100 g durchwachsener Speck · 100 g gekochter Schinken · 1 Ei · 1 Paprikaschote · 1 EL Öl · 2 EL Semmelbrösel · Salz · Pfeffer aus der Mühle ·
Muskatnuss, gerieben · 1 cl Weinbrand · etwas Eiweiß ·*
Zum Bestreichen: *1 Eigelb*

Den Blätterteig auftauen lassen. Das Schweine- und Kalbfleisch durch den Fleisch-
wolf drehen. Das Hühnerfleisch in Streifen schneiden und beiseite stellen. Den
Speck und den gekochten Schinken fein würfeln und mit dem Ei zum Fleisch geben.
Die Paprikaschote waschen, putzen, würfeln und ebenfalls zum Fleisch geben. Das
Öl und die Semmelbrösel dazugeben und alles gut verkneten. Die Masse mit Salz,
Pfeffer, Muskat und Weinbrand abschmecken. Die aufgetauten Blätterteigplatten
an den Rändern leicht übereinander legen und zu einem Rechteck ausrollen. Die
Teigplatte in zwei Teile schneiden, wobei die Deckplatte etwas größer sein muss.
Das kleine Teigstück auf ein mit kaltem Wasser abgespültes Backblech legen. Abwechselnd die Fleischfarce und das Hühnerfleisch darauf geben. Die Teigränder
etwas einschlagen, mit Eiweiß befeuchten und die Deckplatte darauf legen; gut
andrücken. Die Oberfläche der Pastete mehrmals mit einer Gabel einstechen oder
zwei „Kamine" ausstechen und mit Alufolie auskleiden. Das Eigelb verquirlen und
die Pastete damit bestreichen. Aus den Teigresten Verzierungen ausschneiden und
auf die Pastete legen. Mit Eigelb bestreichen. Im auf 200 °C vorgeheizten Backofen
etwa 45 Minuten backen.

Tipp: Dazu passt gemischter Salat. Die Pastete schmeckt warm und kalt. Sie
wird in Scheiben oder quer in Streifen geschitten und eignet sich prima als
Fingerfood auf dem Partybüffet.

Fleischpastete mit Kartoffelkruste

*500 g Rinderhackfleisch · 1 Zwiebel, gehackt · 1 Knoblauchzehe,
durchgepresst · 1 EL Weizenmehl (Type 405) · 300 ml Rinderbrühe ·
2 EL Tomatenmark · 1 Sellerie, klein geschnitten · 3 EL Petersilie, gehackt ·
1 EL Worcestershiresauce · Salz · Pfeffer aus der Mühle · 700 g mehlig
kochende Kartoffeln ohne Schale, gewürfelt · 2 große Möhren, gewürfelt ·
2 EL Butter · 3 EL Milch*

Das Fleisch in einer Pfanne 3 bis 4 Minuten scharf anbraten. Die Zwiebel und
den Knoblauch hinzufügen und alles unter Rühren weitere 5 Minuten braten.
Das Mehl hinzugeben und 1 Minute anschwitzen. Die Gemüsebrühe und das
Tomatenmark untermischen. Sellerie, 1 EL Petersilie und die Worcestershiresauce
einrühren. Mit Salz und Pfeffer würzen. Die Mischung zum Kochen bringen, die
Hitze reduzieren und 20 bis 25 Minuten köcheln lassen. Die Fleischmischung in
eine Pastetenform von etwa 1 Liter füllen. Die Kartoffeln und Möhren in kochendem Wasser 15 Minuten garen, abgießen, abtropfen lassen, vermischen und zu Brei
stampfen. Butter, Milch und übrige Petersilie in die Kartoffel-Möhren-Mischung
rühren und gut würzen. Den Kartoffel-Möhren-Brei auf der Fleischmischung verteilen, sodass sie vollständig zugedeckt ist. Im vorgeheizten Backofen bei 200 °C
etwa 45 Minuten backen.

Variation: Sie können auch Lamm-, Puten- oder Schweinehackfleisch verwenden und dazu die jeweils passenden Kräuter wie Rosmarin oder Salbei.

Tipp: Dazu passt frischer Salat. Die Pastete lässt sich gut vorbereiten und
dann im Backofen aufbacken. Sie schmeckt auch kalt.

Apfel-Fleisch-Pastete

Für die Füllung: *1 kg fest kochende Kartoffeln ohne Schale,
in Scheiben geschnitten · 2 EL Butter · 2 EL Pflanzenöl · 500 g mageres
Schweinefleisch, gewürfelt · 2 Zwiebeln, in Ringe geschnitten · 4 Knoblauchzehen, durchgepresst · 4 EL Tomatenmark · 600 ml Gemüsebrühe · 2 EL Salbei,
gehackt · 2 Äpfel, geschält und in Scheiben geschnitten · Für den Teig:
700 g Weizenmehl (Type 405) · 1 Prise Salz · 50 g Butter · 125 g Schweineschmalz oder Bratenfett · 1 frisches Ei · 1 TL Gelatine*

Die Kartoffeln 10 Minuten kochen und abgießen. Butter und Öl in einer feuerfes-
ten Auflaufform erhitzen; darin das Fleisch anbräunen. Zwiebel sowie Knoblauch
hinzufügen und 5 Minuten braten. Bis auf Kartoffeln und Apfel die restlichen
Zutaten für die Füllung dazugeben. Die Hitze reduzieren, die Form zudecken und
alles 90 Minuten köcheln. Die Brühe abgießen und beiseite stellen. Das Fleisch
auskühlen lassen. Für den Teig das Mehl in eine Schüssel sieben. Das Salz hinzufügen und in die Mitte eine Mulde drücken. Butter und Schmalz in einem Topf
mit 300 ml Wasser zerlassen und aufkochen lassen. In das Mehl einrühren, gut
vermischen und daraus einen Teig kneten. Ein Viertel des Teigs beiseite legen
und mit der übrigen Menge den Boden und die Seiten einer großen Springform
von etwa 20 cm Ø auslegen. Fleisch, Kartoffeln und Äpfel in die Form geben. Die
Ränder befeuchten, einen aus dem Restteig geformten Deckel darauf legen und fest
andrücken. Mit Ei bepinseln und in die Mitte ein Loch bohren. Im vorgeheizten
Ofen zuerst bei 200 °C 30 Minuten und danach bei 160 °C nochmals 45 Minuten
backen. Die Gelatine in der Brühe auflösen und dann durch das Loch gießen. Sehr
gut gekühlt servieren.

Hackfleischpastetchen

*300 g Tiefkühl-Blätterteig · 1 kleine Zwiebel · 1 Knoblauchzehe ·
je 1 kleine rote und grüne Paprikaschote · 375 g gemischtes Hackfleisch ·
1 EL Petersilie, gehackt · 1 Bund Schnittlauch, in Röllchen geschnitten ·
1 Msp. getrockneter Thymian · 1 Msp. getrockneter Majoran · 1 Ei ·
weißer Pfeffer aus der Mühle · edelsüßes Paprikapulver · Salz · 1 Eigelb
zum Bestreichen · Butter für die Förmchen · 8 Briocheförmchen*

Die Blätterteigscheiben auf einer Arbeitsfläche nebeneinander legen und antauen
lassen. Die Zwiebel und den Knoblauch schälen und fein hacken. Die Paprikaschoten waschen, putzen und sehr fein würfeln. Das Gemüse zusammen mit den
Kräutern und dem Ei gründlich unter das Hackfleisch mischen, die Masse gut
mit Pfeffer, Paprika sowie Salz würzen. Aus dem Blätterteig acht Plätzchen (2 cm
größer als der Durchmesser von Briocheförmchen) und acht Plätzchen als Deckel
ausstechen. Die Briocheförmchen mit Butter einfetten und die größeren Plätzchen
hineinlegen. Den Backofen auf 225 °C vorheizen. Den Fleischteig jeweils einfüllen
und etwas andrücken. Das Eigelb mit 2 EL Wasser verquirlen und die Teigränder
damit bestreichen. Die Teigdeckel auf die gefüllten Plätzchen legen, ringsherum
andrücken, mit dem restlichen Eigelb bestreichen und mit einem Stäbchen in die
Mitte jeweils ein Loch einstechen, damit der Dampf beim Backen entweichen kann.
Die Förmchen auf einen Rost stellen und im Backofen auf der mittleren Einschubleiste etwa 15 Minuten backen. Die Hitzezufuhr auf 200 °C herunterschalten und
die Pasteten weitere 10 Minuten backen.

Kartoffel-Hackfleisch-Pasteten

250 g fest kochende Kartoffeln ohne Schale, in Würfel geschnitten ·
1 kleine Möhre, gewürfelt · 200 g Rinderhackfleisch · 1 Stange Lauch,
in Ringe geschnitten · Salz · Pfeffer aus der Mühle · 250 g fertiger
Mürbeteig · Mehl für die Arbeitsfläche · 1 EL Butter · 1 Ei, verquirlt

Kartoffeln, Möhre, Hackfleisch und Lauch mischen und mit Salz und Pfeffer abschmecken. Den Fertigteig in vier gleich große Portionen teilen. Jede Portion auf
einer leicht bemehlten Arbeitsfläche zu einem runden Fladen von etwa 20 cm Ø
ausrollen. Die Kartoffelmischung in vier Portionen teilen und diese jeweils auf die
Mitte jedes Fladens geben; dabei etwa 1 cm Abstand zum Rand lassen. Die Butter
in Flöckchen teilen und je eines oben auf die Kartoffelmischung geben. Die Fla-
denränder mit etwas verquirltem Ei bepinseln. Den Teig über die Kartoffelfüllung
falten und die Ränder zusammendrücken, sodass die Füllung fest eingeschlossen
ist. Ein Backblech leicht mit Butter ausfetten, die Pasteten darauf setzen und sie
mit dem restlichen verquirlten Ei bepinseln. Im vorgeheizten Backofen bei 200 °C
etwa 20 Minuten backen; die Hitzezufuhr auf 160 °C reduzieren und 30 Minuten
weiterbacken.

Rindfleisch-Nierchen-Pastete

*250 g fest kochende Kartoffeln ohne Schale, in Würfel geschnitten ·
2 EL Butter · 500 g Rinderhackfleisch · 150 g Rinderniere, gereinigt
und klein geschnitten · 100 g Schalotten, geschält · 2 EL Weizenmehl
(Type 405) · 150 ml Rinderbrühe (Instant) · 150 ml dunkles Starkbier ·
Salz · Pfeffer aus der Mühle · 225 g fertiger Blätterteig ·
Mehl für die Arbeitsfläche · 1 Ei, verquirlt*

Die Kartoffeln in kochendem Wasser 10 Minuten garen, abgießen und abtropfen lassen. Inzwischen die Butter in einem Topf zerlassen; darin das Rinderhackfleisch und die Niere 5 Minuten unter Rühren anbraten. Die Schalotten hinzufügen und das Ganze weitere 3 bis 5 Minuten garen. Das Mehl einrühren und 1 Minute anschwitzen. Nach und nach mit Brühe sowie Bier aufgießen und alles unter Rühren zum Kochen bringen. Die Kartoffeln unter die Fleischmischung mengen, mit Salz und Pfeffer würzen. Die Hitze reduzieren, Topf zudecken und alles etwa 1 Stunde unter gelegentlichem Rühren köcheln lassen.

Die Fleischmischung in eine Pastetenform füllen. Den Blätterteig auf einer leicht bemehlten Arbeitsfläche so ausrollen, dass er auf allen Seiten etwa 1 cm über den Formrand ragt. Einen Streifen Blätterteig abschneiden, der lang und breit genug ist, dass man ihn um den Rand der Form legen kann. Den Rand der Form mit Ei bepinseln und den Blätterteig darauf pressen. Diesen ebenfalls mit Ei bepinseln und den Blätterteigdeckel darauf pressen. Fest andrücken, um den Rand der Form abzudichten, mit Ei bepinseln. Im vorgeheizten Backofen bei 220 °C etwa 20 bis 25 Minuten backen, bis der Blätterteig aufgeht und goldbraun wird. Heiß direkt aus der Pastetenform servieren.

Kartoffelpastete mit Schweinehack und Brokkoli

*500 g Kartoffeln ohne Schale, klein geschnitten ·
2 EL Butter · 1 EL Pflanzenöl · 200 g Schweinehackfleisch ·
1 rote Zwiebel, in Achtel geteilt · 2 EL Weizenmehl (Type 405) ·
150 ml Gemüsebrühe · 150 ml Milch · 100 g Doppelrahmkäse, zerbröckelt ·
200 g Brokkoliröschen · 1–2 EL Walnusshälften, zerbröckelt · Salz ·
Pfeffer aus der Mühle · 225 g fertiger Tiefkühl-Blätterteig ·
Mehl für die Arbeitsfläche · Milch zum Bepinseln*

Die Kartoffeln 5 Minuten vorkochen und abgießen. Inzwischen Butter und Öl in einer Pfanne erhitzen. Darin das Hackfleisch 5 Minuten anbraten. Zwiebeln hinzufügen und alles 2 Minuten braten. Mehl unterrühren, 1 Minute erhitzen, mit Gemüsebrühe und Milch aufgießen, verrühren und aufkochen. Käse, Brokkoli, die Kartoffeln und Walnüsse dazugeben und 5 Minuten köcheln lassen. Mit Salz und Pfeffer würzen und die Mischung in eine Auflaufform geben.

Den Blätterteig auf einer bemehlten Arbeitsfläche ausrollen, bis der Teigfaden etwa 2,5 cm über den Rand der Form ragt. Einen 2,5 cm breiten Streifen vom Teig schneiden. Den Rand der Form befeuchten und den Teigstreifen darauf legen. Diesen mit etwas Milch bepinseln, den Teigdeckel darauf legen und an den Rändern fest andrücken. In die Mitte des Teigdeckels zwei kleine Schlitze schneiden. Den Teig mit Milch bepinseln und im vorgeheizten Backofen bei 200 °C etwa 25 Minuten backen, bis die Pastete aufgegangen und goldbraun ist.

Tipp: Sie können anstelle des Doppelrahmkäses auch reifen Hartkäse verwenden. Als Beilage reicht man am besten frisches Gemüse.

Kartoffel-Huhn-Pastete mit Lauch

*250 g fest kochende Kartoffeln ohne Schale, in Würfel geschnitten ·
5 EL Butter · 200 g Hühnerhackfleisch (aus Brustfilets) · 1 Stange Lauch,
in Ringe geschnitten · 150 g Maronenpilze, in Scheiben · 2 EL Weizenmehl
(Type 405) · 300 ml Milch · 1 EL Dijon-Senf · 2 EL gehackter Salbei ·
225 g fertiger Tiefkühl-Blätterteig · 3 EL zerlassene Butter ·
Salz · Pfeffer aus der Mühle*

Die Kartoffeln 5 Minuten vorkochen; gut abtropfen lassen. Die Butter in einer
Pfanne zerlassen und darin das Hackfleisch etwa 5 Minuten anbraten, bis es rundum
braun ist. Lauch sowie Pilze hinzufügen und alles unter Rühren 5 Minuten dünsten.
Das Mehl einrühren und 1 Minute erhitzen, die Milch dazugeben und aufkochen.
Senf, Salbei und die Kartoffeln hinzufügen und alles 10 Minuten köcheln lassen.

Inzwischen eine tiefe Auflaufform mit der Hälfte der Teigblätter auslegen. Fleisch
sowie Sauce in die Form geben und mit einer weiteren Lage der Teigblätter bedecken.
Diese mit Butter bepinseln und eine weitere Teigschicht darauf legen. Diese Schicht
ebenfalls mit Butter bepinseln. Den restlichen Teig in kleine Streifen schneiden
und damit die oberste Teigschicht belegen. Mit der restlichen zerlassenen Butter
bepinseln und alles im vorgeheizten Backofen bei 180 °C etwa 45 Minuten backen,
bis es goldbraun und knusprig ist. Die Pastete heiß servieren.

Tipp: Wenn die Kruste zu schnell braun wird, diese nach der halben Backzeit
mit Folie bedecken, sodass zum Schluss die Pastete durch, die Kruste aber
nicht schwarz ist.

Herzhafte Kaiserkragen

Für 10 Stück

10 Scheiben TK-Blätterteig · 1 Ei · 250 g Blattspinat ·
1 kleine Zwiebel · 1 Knoblauchzehe · 1 EL Butter · Salz · Pfeffer
aus der Mühle · 200 g Schweinemett oder grobes Bratwursthack

Die Blätterteigscheiben nach Packungsanweisung auftauen lassen. Das Ei trennen und die Teigscheiben an den Rändern mit verquirltem Eiweiß bestreichen. Den Spinat waschen, verlesen und in einem Sieb gut abtropfen lassen. Zwiebel und Knoblauch schälen. Die Zwiebel fein würfeln und den Knoblauch durch die Presse drücken. Die Butter in einem Topf zerlassen. Zwiebel und Knoblauch darin glasig dünsten, den Spinat hinzufügen und kurz andünsten. Mit Salz sowie Pfeffer würzen und abkühlen lassen. Den Backofen auf 200 °C vorheizen. Spinat, Schweinemett oder Bratwursthack auf den Blätterteigscheiben verteilen, zusammenklappen, die Ränder fest andrücken und im Abstand von 5 mm einschneiden. Die so entstandenen Spalten etwas auseinander ziehen. Die gefüllten Teigtaschen auf ein mit Backpapier ausgelegtes Backblech legen, mit verquirltem Eigelb bestreichen und etwa 20 Minuten backen.

Tipp: „Spinat darf man nicht aufwärmen", diese Meinung ist noch immer weit verbreitet, stimmt so aber nicht. Wenn man Spinatreste rasch kühlt und nur wenige Stunden im Kühlschrank aufbewahrt, kann man das Gemüse problemlos aufwärmen. Am besten erhitzt man es kurz in der Mikrowelle. Was dann vom Spinat immer noch übrig bleibt, muss allerdings weggeworfen werden.

Aufläufe, Gratins und pikantes Gebäck

Omas Lasagne

Für 6 Personen

1 Zwiebel · 2 Knoblauchzehen · 1 Möhre · 200 g kleine Champignons ·
600 g Schweinehackfleisch (alternativ auch Geflügel- oder Lammhackfleisch) ·
2 EL Olivenöl · 400 g Tomatenstücke (aus der Dose) · 3 EL Tomatenmark ·
Salz · Pfeffer aus der Mühle · 2 TL italienische Kräutermischung (Fertigprodukt) · Für die Béchamelsauce: 60 g Butter · 60 g Mehl · 1 l Milch ·
1 TL gekörnte Brühe (Instant) · Salz · Pfeffer aus der Mühle · etwas Muskatnuss, gerieben · Fett für die Form · 250 g Lasagneplatten (etwa 15 Stück,
z. B. von Barilla) · 125 g Mozzarella · 2 EL Parmesan, gerieben

Die Zwiebel und den Knoblauch schälen, die Zwiebel würfeln und den Knoblauch
durch die Presse drücken. Die Möhre schälen, waschen und grob raspeln. Die
Champignons waschen, trockentupfen, putzen und in Scheiben schneiden. Das
Hackfleisch in erhitztem Öl anbraten, das vorbereitete Gemüse dazugeben und
andünsten. Tomatenstücke und Tomatenmark hinzufügen, bei milder Hitze etwa
15 Minuten einkochen lassen und mit Salz, Pfeffer sowie Kräutern pikant abschmecken. Für die Béchamelsauce die Butter erhitzen, das Mehl darin anschwitzen, die
Milch dazugießen und aufkochen lassen. Die Sauce mit gekörnter Brühe, Salz,
Pfeffer und Muskat würzig abschmecken. In eine gefettete Auflaufform zuerst die
Hackfleischmasse, danach die Béchamelsauce einfüllen und drei Lasagneplatten
darüber legen. In dieser Reihenfolge weiter einschichten. Auf die letzte Lasagnelage

nur Béchamelsauce geben. Den Mozzarella abtropfen lassen und in kleine Würfel schneiden. Die Lasagne mit Mozzarella und Parmesan bestreuen und im vorgeheizten Backofen bei 200 °C etwa 30 Minuten goldbraun gratinieren; 10 Minuten vor Ende der Garzeit den Backofen ausschalten. Nach Wunsch mit Kräutern bestreut und Basilikum garniert servieren.

Tipp: Die Lasagne lässt sich beliebig mit Rucola und/oder einem Schuss Weißwein in der Béchamelsauce variieren.

Cannellonigratin

60 g zarte Haferflocken · (z. B. Kölln-Flocken) · 350 g gemischtes Hackfleisch · 1 Ei · weißer Pfeffer aus der Mühle · Salz · getrockneter Oregano und Thymian · 10–12 Cannelloni (Fertigprodukt) · Butter für die Form · 300 g Crème fraîche · 125 ml Milch · 1–2 Spritzer flüssige Speisewürze · ½ TL getrocknetes Basilikum · 3 EL Parmesan, gerieben · 2 EL Butter in Flöckchen

Haferflocken, Hackfleisch, Ei und 3 EL Wasser in eine Schüssel geben und gründlich durchkneten. Pfeffer, Salz, Oregano und Thymian darunter mischen. Die Masse in die Cannelloni füllen; dafür entweder einen Teelöffel oder einen Spritzbeutel mit weiter Tülle zur Hilfe nehmen. Eine hitzebeständige Form mit Butter ausstreichen und die Cannelloni nebeneinander hineinlegen. Den Backofen auf 180 bis 200 °C vorheizen. Crème fraîche und Milch verrühren, Pfeffer, Salz, Speisewürze und Basilikum darunter mischen und die Masse über den Cannelloni verteilen. Den Käse darüber streuen und die Butterflöckchen darauf setzen. Den Gratin im Backofen auf unterster Einschubleiste etwa 45 Minuten backen.

Canneloni mit Kalbfleischfüllung

*12 Canelloni (Fertigprodukt) ½ TL Salz 1 EL Öl · Für die Füllung:
500 g Kalbshackfleisch · 100 g roher Schinken · 50 g Butter · 1 Ei · Salz ·
Pfeffer aus der Mühle · Muskatnuss, gerieben · Rosmarin · ½ Glas Weißwein · Für die Sauce: 4 EL Butter · 50–100 g durchwachsener Schinken,
fein gewürfelt · 60 g Mehl · ¾ l Milch · Salz · 50–100 g Käse, gerieben ·
Außerdem: Butter für die Form · 3 EL Butterflöckchen ·
60 g Parmesan, gerieben*

Die Canelloni nach Packungsanweisung in Salzwasser zusammen mit etwas Öl
bissfest kochen, abgießen und abtropfen lassen. Für die Füllung das Kalbhack-
fleisch und den Schinken in etwas zerlassener Butter anbraten. Die restliche Butter
schaumig rühren, Fleisch und Schinken dazugeben, Ei und Gewürze hinzufügen,
pikant abschmecken und den Weißwein untermengen. Für die Sauce die Butter
zerlassen und darin den fein gewürfelten Schinken etwas andünsten, das Mehl
dazugeben und leicht anbräunen. ⅛ Liter Wasser hinzufügen, die Milch dazugießen
und etwa 5 bis 10 Minuten kochen lassen; mit Salz und Käse abschmecken. Die
Füllung mit einem Teelöffel in die Nudelrollen füllen.

Den Backofen auf 200 °C vorheizen. Eine flache Auflaufform mit etwas Butter einfetten, die gefüllten Canelloni nebeneinander hineinsetzen und die Sauce darüber
geben. Die Oberfläche mit Butterflöckchen belegen und den Parmesan darauf
verteilen. Die Canelloni im Backofen auf der mittleren Einschubleiste 30 Minuten
backen.

Makkaroniauflauf

*200 g Makkaroni · Salz · 1 TL Sonnenblumenöl ·
250 g Staudensellerie mit Grün · 1 kleine Zwiebel · 1 Knoblauchzehe ·
2 EL Butter · 300 g gemischtes Hackfleisch · 3 Eier · weißer Pfeffer
aus der Mühle · 1 TL getrocknete Kräuter (Thymian Majoran Oregano) ·
1 Msp. edelsüßes Paprikapulver · 1 Msp. Currypulver ·
2 Spritzer Tabasco · 150 ml Milch*

Die Makkaroni in 2 Liter kochendes Salzwasser geben, das Öl hinzufügen und die Nudeln nach Packungsanweisung bissfest garen. Inzwischen den Staudensellerie waschen, mit Küchenpapier trockentupfen, die Enden jeweils knapp abschneiden und die Stangen in Scheibchen schneiden. Die Blättchen grob hacken. Die Zwiebel und die Knoblauchzehe schälen und jeweils fein würfeln. Die Makkaroni auf ein Sieb schütten, abschrecken und gut abtropfen lassen. Gut die Hälfte der Butter in einer beschichteten Pfanne erhitzen, die Zwiebel- und Knoblauchwürfel darin anbraten, den Staudensellerie dazugeben und 2 Minuten mitdünsten. Das Hackfleisch in eine Schüssel geben, 1 Ei untermischen und die Masse mit Pfeffer, Kräutern, Paprika, Curry und Tabasco würzen. Eventuell mit etwas Salz abrunden.

Eine Auflaufform mit der restlichen Butter ausstreichen. Den Backofen auf 200°C vorheizen. Die restlichen Eier in ein Rührgefäß schlagen und mit einem Schneebesen gut verquirlen. Die Milch darunter rühren und die Masse mit Pfeffer und Salz würzen. Die Nudeln, die Gemüsemischung und die Hackfleischmasse abwechselnd in die Form schichten, die Eiermilch darüber gießen und das Ganze im Backofen auf mittlerer Einschubleiste 35 bis 40 Minuten backen.

Moussaka

Für 6 Personen

*3 mittelgroße Auberginen (ca. 750 g) · Salz · 2 Zwiebeln ·
1 Knoblauchzehe · 1 Möhre · ¼ Sellerieknolle (ca. 75 g) · 750 g Tomaten ·
100 g harte Knoblauchwurst · 8 EL Olivenöl · 500 g Rinderhackfleisch ·
2 EL Mehl · 2 EL Tomatenmark · 1 Btl. getrocknete Pilze (40 g) · ⅛ l Rotwein · 1 TL Oregano · 1 TL Basilikum · schwarzer Pfeffer aus der Mühle ·
50 g Parmesankäse, gerieben · Mehl · 125 g Emmentaler
oder mittelalter Gouda, gerieben*

Die Auberginen waschen, die Stängelansätze abschneiden und das Fruchtfleisch
quer in Scheiben schneiden; dick mit Salz bestreuen und zugedeckt 30 Minuten
Wasser ziehen lassen. Die Zwiebeln und den Knoblauch schälen und nicht zu fein
hacken. Möhre und Sellerieknolle ebenfalls schälen, waschen und in ½ cm große
Würfel schneiden. Die Tomaten oben kreuzweise einschneiden, kurz in heißes
Wasser tauchen, die Häute abziehen, die grünen Stängelansätze herausschneiden
und das Fruchtfleisch in Scheiben schneiden. Die Knoblauchwurst pellen und
klein würfeln. 2 EL Öl in einer Pfanne erhitzen, die Hälfte der Zwiebeln und des
Knoblauchs sowie die Möhren- und Selleriewürfel hineingeben und 3 Minuten
glasig anschwitzen. Das Rinderhackfleisch und die Knoblauchwurst hinzufügen und
bei mittlerer Hitze rundum braun anbraten, dabei das Hackfleisch in erbsengroße
Stücke zerkrümeln. Alles mit Mehl bestäuben und einige Male umrühren. Tomatenmark, getrocknete Pilze und Rotwein dazugeben und mit Oregano, Basilikum,
Salz und Pfeffer abschmecken. Bei milder Hitze 10 Minuten schmoren lassen.

Die Mischung etwas abkühlen lassen und den Parmesankäse untermischen. Die
Auberginenscheiben mit Küchenpapier trockentupfen und in Mehl wenden. In
einer großen Pfanne Olivenöl erhitzen und die Auberginenscheiben auf beiden

Seiten kurz goldbraun anbraten. In einer halbhohen Auflaufform 2 EL Olivenöl erhitzen und die restlichen Zwiebel- und Knoblauchwürfel darin andünsten. Die Tomatenscheiben in die Form legen und etwas geriebenen Käse darüber streuen. Darauf die gebratenen Auberginenscheiben geben und auch diese mit einem Teil des Käses bestreuen. Die Hackfleischmasse darüber verteilen und den restlichen Käse darauf geben. Die Moussaka im vorgeheizten Backofen bei 220 °C 50 Minuten überbacken.

Nudelgratin mit Hackfleisch

Butter für die Form · 250 g schmale Bandnudeln (Rohgewicht) · 150 g Rinderhackfleisch · weißer Pfeffer aus der Mühle · edelsüßes Paprikapulver · Currypulver · Salz · 300 g Tiefkühl-Blattspinat · 600 ml Milch · 3 Eier · 1 EL Oregano · 150 g Emmentaler oder Bergkäse, geraspelt

Eine Auflaufform mit Butter einfetten und die rohen Nudeln darin verteilen. Den Backofen auf 225 °C vorheizen. Das Hackfleisch mit Pfeffer, Paprika, Curry und Salz gut verkneten und in kleinen Batzen über die Nudeln geben. Den Tiefkühlspinat als dritte Lage darüber geben. Die Milch mit den Gewürzen und dem Oregano erhitzen und den Topf vom Herd nehmen. Die Eier verquirlen, unter die Milch rühren und über den Zutaten in der Auflaufform verteilen; alles mit Hilfe von zwei Gabeln locker vermengen, bis die Nudeln völlig von der Eiermilch umhüllt sind. Den Käse darüber streuen und das Gratin auf mittlerer Einschubleiste im Backofen etwa 30 bis 35 Minuten goldgelb backen; weitere 5 bis 10 Minuten im ausgeschalteten Backofen ruhen lassen.

Allgäuer Nudelgratin

*250 g grüne Bandnudeln (Rohgewicht) · Salz · 2 große Zwiebeln ·
1 Knoblauchzehe · 2 EL Butter · 375 g gemischtes Hackfleisch ·
schwarzer Pfeffer aus der Mühle · Muskatnuss, gerieben · 140 g Tomatenmark · ⅛ l trockener Rotwein · 1 Lorbeerblatt · 1 TL Kräuter der Provençe ·
Butter für die Form · 100 g Schnittkäse (z. B. Grünländer) · Majoran*

Die Bandnudeln in reichlich kochendes Salzwasser geben und nach Packungsvorschrift garen. Die Zwiebeln schälen und sehr fein würfeln. Die Knoblauchzehe
schälen und hacken. Die Butter in einer Pfanne erhitzen und die Zwiebeln sowie
den Knoblauch darin andünsten, bis die Zwiebelwürfel glasig sind. Das Hackfleisch
hinzufügen und unter häufigem Wenden scharf anbraten; mit Pfeffer, Salz und
Muskat würzen. Das Tomatenmark untermischen, den Rotwein dazugießen, das
Lorbeerblatt und die Kräuter der Provençe dazugeben; zugedeckt etwa 10 Minuten
köcheln lassen, dabei gelegentlich durchrühren. Die Nudeln gut abtropfen lassen
und in eine mit Butter eingefettete Auflaufform geben. Die Hackfleischmischung
darauf verteilen (vorher das Lorbeerblatt entfernen), den Schnittkäse grob raspeln
und darüber geben; mit reichlich Majoran würzen. Das Gratin im vorgeheizten
Backofen bei 200 °C so lange überbacken, bis der Käse schmilzt.

Nudelauflauf mit Hackfleisch und Spinat

Für 6 Personen

*250 g Penne (z. B. von Buitoni) · Salz · 1 EL Öl · 300 g Tiefkühl-
Blattspinat · 1 Knoblauchzehe · 1 TL Butter · schwarzer Pfeffer aus der
Mühle · 200 g Doppelrahmfrischkäse mit Kräutern · Butter für die Form ·
400 g Rinderhackfleisch · 100 g Emmentaler, gerieben · ¼ l Rindfleischbrühe
(Instant) · 4 EL süße Sahne · 3 EL Semmelbrösel · 1 EL Butterflöckchen*

Die Nudeln in reichlich kochendem Salzwasser bissfest garen, auf einem Sieb
abtropfen lassen und in einer Schüssel mit dem Öl vermengen. Den Blattspinat
antauen lassen. Die Knoblauchzehe schälen und durch die Presse drücken. Die
Butter in einer Pfanne erhitzen und darin den Spinat und den Knoblauch etwa
10 Minuten dünsten; mit Salz und Pfeffer würzen und den Frischkäse sorgfältig
unterrühren. Den Backofen auf 175 °C vorheizen. Eine Auflaufform mit Butter
einfetten und die Hälfte der Nudeln einfüllen. Das Hackfleisch als flache Schicht
darüber geben und kräftig mit Salz und Pfeffer würzen. Darüber den Spinat verteilen und mit den restlichen Nudeln abschließen. Den geriebenen Emmentaler
darüber streuen. Die Fleischbrühe mit der süßen Sahne verrühren und die Sauce
über den Auflauf gießen; mit Semmelbröseln bestreuen, mit Butterflöckchen bedecken und im Backofen etwa 40 Minuten backen.

Überbackene Schinkenrollen mit Hackfleischfüllung

*600 g Fenchelknollen mit Grün · 4 EL Butter · weißer Pfeffer aus der Mühle ·
Salz · 250 g gemischtes Hackfleisch oder Kalbshackfleisch · 100 ml trockener
Weißwein · 125 ml Fleisch- oder Gemüsebrühe (Instant) · 3 EL Schmand
(dicke saure Sahne) · 5 Tomaten · Butter für die Form · 4 große Scheiben
gekochter Schinken · 250 g Münsterkäse, in Scheiben · Kümmel, gemahlen*

Die Fenchelknollen waschen, putzen, das Grün und die Stiele abschneiden und
klein schneiden; die Knollen in sehr feine Streifen schneiden. Die Butter erhitzen
und den Fenchel darin anbraten, mit Pfeffer sowie Salz würzen. Das Hackfleisch
hinzugeben, mitbraten, alles nochmals würzen und mit Wein ablöschen. Die Brühe
einrühren und die Masse 5 Minuten bei milder Hitze durchköcheln lassen. Den
Schmand einrühren. Die Tomaten über Kreuz einritzen, in kochend heißes Wasser
tauchen, enthäuten, entkernen und in Stücke schneiden.

Den Backofen auf 180 °C vorheizen und eine Auflaufform mit Butter ausstreichen.
Die Schinkenscheiben auf einer Arbeitsfläche ausbreiten und mit der Fenchel-
Hackfleisch-Masse füllen. Die Schinkenscheiben aufrollen und mit dem Schluss
nach unten nebeneinander in die Form legen. Die Tomaten darauf verteilen und
das Ganze mit Käsescheiben bedecken. Auf mittlerer Einschubleiste im Backofen
etwa 10 Minuten überbacken, bis der Käse schmilzt.

Hackfleisch-Romadur-Gratin

*500 g gemischtes Hackfleisch · 100 g Dörrfleisch, fein gewürfelt · 1 Ei ·
5 EL süße Sahne · Muskatnuss, gerieben · Salz · Pfeffer aus der Mühle ·
2 EL Semmelbrösel · 6 EL Butterschmalz zum Braten · 1 TL frische
Thymianblättchen · 500 g Kartoffeln · 500 g Zucchini · 1 EL Rosmarin ·
Butter für die Form · 150 g Romadurkäse*

Das Hack- und Dörrfleisch, das Ei, die süße Sahne, die Gewürze und die Semmelbrösel gut vermengen und daraus Frikadellen formen. Die Frikadellen in 2 EL Butterschmalz zusammen mit frischem Thymian in einer geschlossenen Kasserolle bei geringer Hitzezufuhr etwa 6 Minuten braten. Zum Schluss bei stärkerer Hitzezufuhr bräunen. Die Kartoffeln schälen und würfeln, die Zucchini waschen und in Würfel schneiden. Erst die Kartoffeln in 2 EL Butterschmalz zusammen mit Rosmarin goldgelb braten; mit Salz und Pfeffer würzen. Dann getrennt davon die Zucchini 3 Minuten ebenfalls in 2 EL Butterschmalz garen; salzen und pfeffern. In die Mitte einer mit Butter gefetteten Gratinform die Frikadellen legen, mit Kartoffelwürfeln einrahmen und die Ränder mit Zucchini auffüllen. Auf die Frikadellen Romadurscheiben legen, mit Thymian bestreuen und etwa 2 Minuten unter dem Grill gratinieren.

Fleischpfannkuchenauflauf mit Wilstermarschkäse

Für die Pfannkuchen: 3 Eier · 150 g Weizenmehl ·
½ TL Salz · 200 ml Milch · ⅛ l Mineralwasser mit Kohlensäure ·
60 g Butterschmalz zum Backen der Pfannkuchen · Für die Füllung:
60 g Butterschmalz · 400 g gemischtes Hackfleisch · 1 mittelgroße Zwiebel,
fein gehackt · 1 TL frische oder getrocknete Thymianblättchen · Salz ·
Pfeffer · Cayennepfeffer · 200 g Schmand · Zum Überbacken:
3 Eier · 200 g süße Sahne · 100 g Wilstermarschkäse für die Sauce,
gerieben · 50 g Wilstermarschkäse zum Überbacken, gerieben ·
Salz · 1 Msp. Paprika · Butter zum Ausfetten der Form.

Die Eier aufschlagen und das Mehl darauf sieben. Salz und Milch zufügen und
mit dem Schneebesen aufschlagen. 30 Minuten ruhen lassen, damit das Mehl
ausquellen kann. Das Butterschmalz in einer großen Pfanne schmelzen und das
Hackfleisch sowie die Zwiebel darin anbraten. Das Ganze würzen. Wenn die Zwiebel
goldfarbig sind, mit Schmand aufgießen und 2 Minuten köcheln lassen. Kurz vor
dem Backen das Mineralwasser zum Pfannkuchenteig geben; durchrühren, etwa vier
bis sechs Pfannkuchen in Butterschmalz backen, gleich mit der Hackfleischmasse
bestreichen und aufrollen. Die Pfannkuchenrollen zwei- bis dreimal quer teilen
und aufrecht in eine mit Butter ausgestrichene Auflaufform setzen. Eier, süße Sahne
und Wilstermarschkäse gut verrühren und über die Pfannkuchen gießen; mit Salz
und Paprika abschmecken. Die Oberfläche mit dem restlichen Käse bestreuen und
im vorgeheizten Backofen bei 200 °C etwa 25 Minuten backen.

Tipp: Wilstermarschkäse ist ein würziger Schnittkäse aus Holstein. Sein Fettgehalt beträgt 45 bis 50 % Fett i. Tr. Er ist dem Tilsiter ähnlich. Wenn Sie ihn nicht
bekommen, bereiten Sie das Rezept mit Tilsiter zu.

Kartoffel-Gemüse-Auflauf mit Hackfleisch

*800 g mehlig kochende Kartoffeln · Salz · 500 g Lauch ·
500 g Möhren · 1 kleine Zwiebel · 250 g Rinderhackfleisch · 5 Eigelb ·
schwarzer Pfeffer aus der Mühle · etwas Cayennepfeffer · Muskatnuss,
gerieben · 4 EL Semmelbrösel · 4 EL Butterschmalz · 200 g Crème fraîche ·
¼ l Fleischbrühe (Instant) · 350 g Schmelzkäse in Scheiben ·
Butter für die Form · 3 EL Schnittlauchröllchen*

Die Kartoffeln waschen und knapp mit Salzwasser bedeckt etwa 20 Minuten garen. Den Lauch putzen, die Stangen halbieren und gründlich waschen; in Ringe
schneiden. Die Möhren putzen, schälen und in Würfel schneiden. Die Würfel in
kochendem Salzwasser etwa 3 Minuten blanchieren, herausnehmen und abtropfen
lassen. Die Zwiebel schälen, fein würfeln und zusammen mit dem Hackfleisch in
eine Schüssel geben. 2 Eigelbe, Pfeffer, Salz, Cayennepfeffer, Muskat und Semmelbrösel hinzufügen; alles gut vermengen. Aus der Masse mit feuchten Händen kleine
Bällchen formen und diese im Butterschmalz von allen Seiten kräftig anbraten. Den
Backofen auf 225 °C vorheizen.

Crème fraîche mit der Fleischbrühe in einem Topf erhitzen. 300 g Schmelzkäse
stückchenweise dazugeben und in der Flüssigkeit schmelzen. Die Sauce vom Herd
nehmen und die restlichen Eigelbe unterziehen; mit Muskat abschmecken. Eine
Auflaufform mit Butter einfetten. Die Kartoffeln abgießen, abschrecken, pellen und
in Scheiben schneiden. Eine Lage Kartoffelscheiben in die Form schichten und
die Möhrenwürfel darüber verteilen. Eine weitere Lage Kartoffelscheiben in die
Form geben und die Lauchringe darauf verteilen. Zum Schluss die Fleischbällchen
auf dem Auflauf verteilen, die restlichen Schmelzkäsescheiben darüber legen. Das
Ganze im Backofen etwa 30 Minuten backen. Vor dem Servieren den Auflauf mit
Schnittlauchröllchen bestreuen.

Fleisch-Kartoffel-Auflauf

*750 g Pellkartoffeln · 2 Zwiebeln · 1 Knoblauchzehe ·
1 Glas gefüllte Oliven (125 g) · 3 EL Olivenöl · 500 g gemischtes Hackfleisch · 2 EL Tomatenmark · 1 TL Thymian · 1 TL edelsüßes Paprikapulver ·
schwarzer Pfeffer aus der Mühle · Salz · 2 Eier · 1/8 l Milch · Margarine
zum Einfetten · 200 g Pizza-Käsescheiben*

Die Pellkartoffeln schälen und in 1 cm dicke Scheiben schneiden. Zwiebeln und
Knoblauchzehe schälen und fein hacken. Die Oliven abtropfen lassen und waagrecht
halbieren. Olivenöl in einer Kasserolle erhitzen und Zwiebel- und Knoblauchwürfel
darin gelb anschwitzen. Das Hackfleisch dazugeben und bei starker Hitze braun
anbraten, dabei in erbsengroße Stücke zerkrümeln. Tomatenmark, Thymian, Paprika, Pfeffer, Salz und 150 ml Wasser dazugeben und das Ragout etwa 8 Minuten
bei mittlerer Hitze kräftig durchkochen lassen.

Eier und Milch miteinander verquirlen. Die Margarine schmelzen lassen und
eine Auflaufform damit einfetten. Hackfleisch, Kartoffeln sowie die Hälfte der
Käsescheiben in Lagen hineinschichten und die Oliven dazwischen streuen. Die
Eiermilch darüber gießen und den Auflauf im vorgeheizten Backofen bei 180°C
etwa 45 Minuten überbacken. Nach 30 Minuten Garzeit den Auflauf mit den restlichen Käsescheiben belegen und weiterbacken, bis der Käse geschmolzen ist und
eine goldgelbe Farbe angenommen hat; heiß servieren.

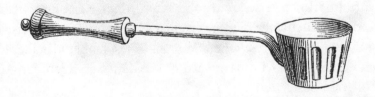

Hackfleischauflauf mit buntem Gemüse

*400 g Zucchini · 400 g Tomaten · je 1 grüne und gelbe
Paprikaschote · 4 EL Öl · 3 Zwiebeln · 1 Knoblauchzehe ·
500 g gemischtes Hackfleisch · Bund Petersilie, gehackt · Salz ·
weißer Pfeffer aus der Mühle · 4 EL Emmentaler, gerieben*

Zucchini und Tomaten waschen, von den Stielansätzen befreien und in 1 cm dicke
Scheiben schneiden. Die Paprikaschoten halbieren, entkernen, waschen und in
dünne Ringe schneiden. Die Zucchinischeiben und die Paprikaringe in 2 EL Öl
anbraten und beiseite stellen. Zwiebeln und Knoblauchzehe schälen und fein hacken. Mit dem Hackfleisch in 1 EL Öl anbraten, dabei mit der Gabel zerkrümeln.
Die Petersilie unterheben und mit Salz und Pfeffer würzen. Eine feuerfeste Form mit
dem restlichen Öl einfetten. Gemüse und Hackfleisch in die Form schichten und
die einzelnen Schichten würzen. Zum Schluss den Auflauf mit Käse bestreuen und
im vorgeheizten Backofen bei 200 °C auf mittlerer Einschubleiste etwa 30 Minuten
backen.

Rosenkohlauflauf mit Hackfleisch

1 kg Rosenkohl · Salz · 500 g fest kochende Kartoffeln ·
500 g Rinderhackfleisch · 1 Zwiebel · weißer Pfeffer aus der Mühle ·
1 Msp. Muskatnuss, gerieben · 1 TL Sonnenblumenöl · 2 EL kalte Butter ·
3 Eier · 100 g süße Sahne · 1 TL gekörnte Brühe (Instant) ·
75 g Gouda, gerieben · Butterflöckchen

Den Rosenkohl waschen, putzen, die Strünke über Kreuz einschneiden und in reichlich Salzwasser etwa 10 Minuten garen. Die Kartoffeln knapp mit Salzwasser bedeckt etwa 20 Minuten garen. Den Rosenkohl mit einer Schaumkelle herausnehmen; das Kochwasser beiseite stellen. Das Hackfleisch in eine Schüssel geben. Die Zwiebel schälen, sehr fein würfeln und zusammen mit Pfeffer, Muskat und Salz unter das Hackfleisch kneten. Das Öl erhitzen und das Hackfleisch darin krümelig braten.

Eine Auflaufform mit Butter ausstreichen und den Backofen auf 200 °C vorheizen. Die Kartoffeln abgießen, abschrecken, pellen, in Scheiben schneiden und in die Form schichten. Das Hackfleisch auf den Kartoffelscheiben verteilen, den Rosenkohl darüber geben. Eier und süße Sahne verquirlen. Vom Rosenkohlwasser 125 ml abnehmen, darin den Brühwürfel auflösen, die Flüssigkeit mit Muskat würzen und unter die Eimasse rühren. Das Ganze über den Rosenkohl gießen, den geriebenen Käse darauf streuen, Butterflöckchen darauf verteilen und den Auflauf im Backofen etwa 30 Minuten backen.

Zucchiniauflauf mit Hackfleisch

400 g Zucchini · Salz · Öl für die Form · 500 g festkochende Kartoffeln ·
Pfeffer aus der Mühle · 1 TL Rosmarin · 3 Zwiebeln · 2 Knoblauchzehen ·
1 EL Pflanzenöl · 400 g gemischtes Hackfleisch · Muskatnuss, gerieben ·
1 Bund Schnittlauch · 3 Eier · 300 ml Milch

Die Zucchini waschen, putzen und in 5 mm dicke Scheiben schneiden; in eine Schüssel geben und Salz darüber streuen. Etwa ½ Stunde stehen lassen, bis die Zucchini Saft gezogen haben. Eine Auflaufform mit Öl einfetten. Die Kartoffeln waschen, schälen, mit dem Gurkenhobel raspeln und in die Form geben; mit Salz, Pfeffer und Rosmarin würzen. Den Backofen auf 200 °C vorheizen und die Kartoffeln auf mittlerer Einschubleiste etwa 25 Minuten backen. Die Zwiebeln schälen und klein schneiden; den Knoblauch schälen und fein hacken. In einer Pfanne das Öl erhitzen, darin Zwiebeln und Knoblauch anbraten, das Hackfleisch hinzufügen und gut braten. Mit Salz, Pfeffer und Muskat würzen. Den Schnittlauch waschen, trockenschütteln, klein schneiden und über das Fleisch streuen. Das Fleisch auf den Kartoffeln in der Form verteilen und die Zucchinischeiben dachziegelartig darüber schichten. Die Eier mit der Milch verquirlen und in der Form verteilen. Den Auflauf im Backofen bei 200 °C etwa 60 Minuten stocken lassen.

Variation: Das Rezept funktioniert auch mit anderem Gemüse, zum Beispiel mit Auberginen, Lauch oder Fenchel. Lauch und Fenchel bitte erst kurz blanchieren.

Mangoldgratin mit Hackfleisch

*1 kg Mangold · Salz · 2 EL Butterschmalz · 1 Zwiebel · 1 Knoblauchzehe ·
400 g gemischtes Hackfleisch · 100 g Schinkenspeck, fein gewürfelt · weißer
Pfeffer aus der Mühle · Muskatnuss, gerieben · Salz · 200 ml Gemüsebrühe
(Instant) · etwas gekörnte Brühe (Instant) zum Verfeinern · 50 g Schmand ·
100 g Gouda oder Emmentaler, geraspelt*

Vom Mangold den Strunk abschneiden, das Gemüse in einzelne Blätter teilen
und waschen. Aus den Blättern die mittleren dicken weißen Blattrippen mit einem
scharfen Messer herausschneiden und in feine Streifen schneiden. Die grünen
Blätter in kochendem Salzwasser 1 Minute blanchieren, mit einem Schaumlöffel
herausnehmen und abtropfen lassen.

Etwa zwei Drittel des Butterschmalzes erhitzen. Die Zwiebel und den Knoblauch
schälen, fein hacken und zusammen mit den Mangoldstreifen andünsten. Das
Hackfleisch sowie den Schinken hinzugeben und mitbraten. Die Masse mit Pfeffer, Muskat und Salz würzen. Die Gemüsebrühe angießen und die Farce etwa
5 Minuten zugedeckt durchköcheln lassen. Mit gekörnter Brühe abrunden und
den Schmand einrühren.

Den Backofen auf 180 °C vorheizen und eine Auflaufform mit dem restlichen
Butterschmalz ausstreichen. Abwechselnd eine Lage Mangoldblätter und eine
Schicht Hackfleisch einfüllen, mit einer Lage Hackfleisch enden. Die Oberfläche
mit Käse bestreuen und den Auflauf im Backofen auf der mittleren Einschubleiste
etwa 15 Minuten überbacken.

Pikanter Reisgratin mit Hackfleisch

*250 g Langkornreis (Rohgewicht) · 4 EL Sonnenblumenöl ·
2 Zwiebeln · 375 g gemischtes Hackfleisch · weißer Pfeffer
aus der Mühle · edelsüßes Paprikapulver · Salz · je 1 gelbe und rote
Paprikaschote · 2 Möhren · 150 g grüne Tiefkühl-Bohnen · 1 EL Butter ·
3 EL geschälte Sonnenblumen- oder Kürbiskerne, grob gehackt ·
400 g geschälte Tomaten oder Pizzatomaten (aus der Dose) · 1 Pck. Instant-
Bratensauce (für 250 ml Sauce) · 100 g Goudakäse, geraspelt*

Den Reis kalt abbrausen und abtropfen lassen. Die Hälfte des Öls erhitzen. Die Zwiebeln schälen, würfeln und die Hälfte im Öl glasig werden lassen. Den Reis dazugeben und unter Rühren andünsten. 500 ml Wasser angießen und den Reis nach Packungsvorschrift etwa 20 Minuten ausquellen lassen. Im restlichen Öl die restlichen Zwiebelwürfel anbraten, das Hackfleisch dazugeben und das Ganze gut mit Pfeffer, Paprika sowie Salz würzen. Die grünen Bohnen direkt aus der Packung zum Hackfleisch geben und alles zugedeckt bei mäßiger Hitze etwa 10 Minuten schmoren lassen.

Etwas Butter in einer beschichteten Pfanne erhitzen und die gehackten Sonnenblumen- oder Kürbiskerne darin anbraten. Die Tomaten aus der Dose hinzugeben, die Bratensauce einrühren und aufkochen lassen. Den Backofen auf 180 °C vorheizen und eine Gratinform mit der restlichen Butter einfetten. Den Reis in die Form füllen und die Gemüse-Hackfleisch-Mischung darauf verteilen. Die Tomatensauce darüber geben und den Käse darauf streuen. Den Gratin im Backofen auf der mittleren Einschubleiste etwa 15 Minuten backen.

Fleischkuchen vom Blech

Für 25 Stücke

*2 altbackene Brötchen · 3 Bund Lauchzwiebeln · 1 kg Rinder-
hackfleisch · 2 Eier · Salz · Pfeffer aus der Mühle · 1 TL getrockneter
Majoran · 160 g Butter · 1–2 TL Curry · 2 TL edelsüßes Paprikapulver ·
1 Msp. scharfes Rosenpaprikapulver · ½ Bund glatte Petersilie*

Die Brötchen im Wasser einweichen und gut ausdrücken. Die Lauchzwiebeln
putzen, in etwa 1 cm breite Stücke schneiden und 1 Minute in kochendem Wasser
blanchieren; kalt abschrecken und abtropfen lassen. Alles mit Hackfleisch, Eiern,
Salz, Pfeffer und Majoran zu einem geschmeidigen Teig verkneten. Ein Backblech
mit etwas Butter einfetten. Den Fleischteig gleichmäßig darauf verteilen und glatt
streichen. Im vorgeheizten Backofen bei 200 °C etwa 25 bis 30 Minuten backen.

Die restliche Butter schaumig rühren und in zwei Portionen teilen. Eine Portion
mit Curry und die andere mit edelsüßem Paprika- sowie scharfem Rosenpaprikapulver verrühren. Jeweils in einen Spritzbeutel mit kleiner Sterntülle füllen und
aus jeder Sorte 13 kleine Butterrosetten auf ein mit Backpapier ausgelegtes Brett
spritzen; kalt stellen. Den fertigen Fleischkuchen aus dem Ofen nehmen und abkühlen lassen. In 25 Quadrate schneiden, mit Petersilienblättchen garnieren und
mit je einer Butterrosette belegen.

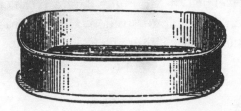

Pikanter Hackfleischkuchen

Für 6 Personen
*200 g Mehl · 1 Ei · ½ TL Salz · 100 g sehr kalte Margarine
und Margarine für die Springform · Mehl zum Ausrollen · 2 große Zwiebeln ·
1 Knoblauchzehe · 3 EL Bratfett (z. B. 1 Stück Palmin) · 300 g gemischtes
Hackfleisch aus Rind- und Lammfleisch · 2 EL Pinienkerne, gehackt · einige
Spritzer Tabasco · je ½ TL Majoran, Thymian · Salz · 1 EL Petersilie,
gehackt · 2 Becher Joghurt à 150 g · 4 Blatt weiße Gelatine ·
Garnierzutaten nach Geschmack*

Das Mehl in eine Schüssel geben. In die Mitte eine Mulde drücken. Ei und Salz
hineingeben. Die kalte Margarine in Flöckchen auf dem Mehlrand verteilen. Von
außen nach innen rasch zu einem Mürbeteig verkneten. In Folie 1 Stunde im
Kühlschrank ruhen lassen. Dann den Teig auf wenig Mehl etwas größer als eine
Springform von 20 cm Ø ausrollen.

Springformboden und -rand einfetten und mit dem Teig auskleiden. Geschälte
Zwiebeln in Ringen und geschälte, zerdrückte Knoblauchzehe im Bratfett glasig
dünsten. Zum Hackfleisch geben. Mit Salz, Pinienkernen, Tabasco, Majoran und
Petersilie verkneten und die Mischung auf den Teig streichen. Im vorgeheizten
Backofen bei 220 °C etwa 40 bis 45 Minuten backen.

In der Zwischenzeit den Joghurt leicht salzen und die nach Packungsanweisung
aufgelöste Gelatine unterrühren. Im Kühlschrank erkalten lassen und über den
fertigen warmen Kuchen geben.

Hackfleisch-Oliven-Pizza

Für den Hefeteig: 300 g Mehl · 21 g frische Hefe (½ Würfel) · 125–150 ml warme Milch · 1 Msp. Zucker · Salz · 1 EL Öl · getrocknete Kräuter nach Belieben (Thymian, Majoran, Oregano) · 1 Knoblauchzehe, durchgepresst · Mehl zum Kneten, Formen und Ausrollen · Butterschmalz für die Formen oder das Blech · Außerdem: 2 EL Olivenöl · Für den Belag: 500 g gemischtes Hackfleisch · 50 g geriebener Parmesan · 2 Eier · 1 EL eingelegte Paprikaschnitzel · Kräutersalz · Pfeffer aus der Mühle · 1 EL Oregano · 4 EL Petersilie, gehackt · 500 g feste Tomaten · etwa 30 grüne oder schwarze Oliven

Das Mehl in eine Schüssel sieben, in die Mitte eine Mulde drücken, die Hefe in der Milch unter Rühren auflösen und das Ganze in die Mulde geben. Den Zucker vorsichtig in die Flüssigkeit rühren. Das Salz am Mehlrand verteilen. Die Hefeflüssigkeit mit etwas Mehl verrühren und den Teig zugedeckt an einem warmen Ort etwa 15 Minuten gehen lassen, bis sich Blasen bilden. Nach und nach das Mehl vom Rand untermischen. Öl, Kräuter und Knoblauch nach Geschmack zufügen und den Teig mit den Händen durchkneten, bis er warm und geschmeidig ist und sich gut vom Schüsselboden löst. Eventuell noch etwas Mehl unterkneten. Den Teig zu einer Kugel formen und in der Schüssel zugedeckt etwa 30 Minuten an einem warmen Ort gehen lassen, bis sich das Volumen verdoppelt hat. Den Teig nochmals gut durchkneten und zu einer Kugel formen. Die Teigkugel auf leicht mit Mehl bestäubter Arbeitsfläche zu Teigplatten ausrollen. Die Springformen mit Butterschmalz einfetten und mit den Teigplatten auskleiden. Das Hackfleisch mit dem geriebenen Käse, den Eiern und der klein geschnittenen Paprika vermengen. Pikant mit Kräutersalz und frisch gemahlenem Pfeffer würzen. Den Oregano und die Petersilie dazugeben. Die Tomaten waschen, klein schneiden und unter die Fleischmasse mischen. Nun die Masse auf dem Teigboden verteilen. Die abgetropften Oliven etwas in die Fleischmasse eindrücken. Die Pizza im auf 220 °C vorgeheizten Backofen etwa 30 Minuten backen. Die Oliven in Scheiben schneiden und ebenfalls auf der Pizza verteilen. Den Käse in dünne Scheiben schneiden und die Pizza damit garnieren. Den Oregano und das Basilikum darüber streuen.

Spinatpizza mit Hackfleisch

Für den Teig: *Hefeteig (siehe Rezept Hackfleisch-Oliven-Pizza Seite 120) · Außerdem: 2 EL Olivenöl · Für den Belag: 1 kg frischer Spinat · 100 g Zwiebeln · 300 g gemischtes Hackfleisch · 200 g Schweinemett · 2 Eier · Salz · schwarzer Pfeffer aus der Mühle · Muskatnuss, gerieben · 1 TL getrockneter Thymian · 2 Knoblauchzehen · 4 EL Olivenöl · 250 g milder Schafskäse*

Einen Hefeteig nach Rezeptanweisung von Seite 120 zubereiten. Den Teig aus-rollen und auf ein mit Olivenöl gefettetes Backblech geben. Einen kleinen Rand hochdrücken. Den Spinat gründlich verlesen und waschen. Tropfnass in einen Topf geben und zusammenfallen lassen, danach auf einem Sieb abtropfen lassen. Die Zwiebeln schälen und sehr fein hacken. Das Hackfleisch mit dem Schweine-mett und den Eiern vermischen und mit Salz, Pfeffer und Muskat würzen. Die gehackte Zwiebel und den Thymian untermischen. Aus der Hackfleischmasse kleine Klößchen formen und kühl stellen. Den Spinat grob hacken. Die Knob-lauchzehen schälen, fein hacken und mit dem Olivenöl unter den Spinat mischen. Den Spinat auf der Teigplatte verstreichen. Die Hackklößchen gleichmäßig darauf verteilen. Den Schafskäse darüber krümeln. Im auf 225 °C vorgeheizten Backofen etwa 35 bis 40 Minuten backen.

Rezeptverzeichnis